大客户销售

实战篇

齐洋钰　徐晖 著

KEYACCOUNT
SELLING
Best Practices

中国人民大学出版社
·北 京·

序 PREFACE

销售才能是天生的，还是可以后天培养的

优训咨询的齐洋钰和徐晖在过去的四五年来，一直很有兴趣与我讨论是不是可以在《大客户销售：谋攻之道》（讲授方法论）之后，再写一本配套的实战案例，以讲故事的方式来诠释大客户销售过程中的策略、流程和方法，重现销售人员在销售过程中为客户创造价值的过程以及心路历程。

记得有一天在上海优训办公室，讨论到《大客户销售实战篇》的策划方案时，两位激动地说："我们就是要把20年来在销售实战和培训中所感悟到的一切用最通俗的方式告诉大家：销售才能不是天生的，是可以后天培养的！我们希望用讲故事的方式来还原一个完整的销售流程以及每个阶段销售人员所面临的挑战、目标以及销售策略和处理方式。目前市场上的销售书籍大概只有两类：方法论专著或者销售小说，还没有人拿实战销售案例来阐述如何使用方法

论，这是一个空白，我们要去填补这个空白，希望这本书能成为培养销售人员对于大项目和大客户打单之道的‘hard ball’！”

我深知销售管理中的大客户销售领域是很多人不敢染指的一个方向。要从行为科学的角度去完整、全面地阐述大客户销售的方法论是一个比较广而深的命题，而且这么复杂精深的方法论要用一个最通俗的方式教给每个大客户销售人员绝对是一个挑战，这并不是一个容易完成的目标。

直到上周，齐洋钰和徐晖突然打电话跟我说：My hard ball is ready！他们发给我《大客户销售实战篇》一书的初稿，我快速浏览了一遍，我就知道：他们做到了！他们真的用最通俗的方式编写了一本大客户销售的故事会，以讲故事的方式带领读者完整地走过一个大客户销售过程中的每个阶段，体会各色销售代表的心路历程，解读每个阶段销售代表的挑战和与不同客户在不同的销售阶段建立互信的过程。

以我个人销售管理十几年的经验来看，这本书适合所有的销售人员阅读。

- 对于大客户销售经理而言，通过本书能够印证自己的销售过程，打通整个控单流程，同时也适合其针对某个销售环节，从书中某个故事中获得启发，明白将来再遇到这样棘手的状况时如何应对。
- 对于销售管理人员，通过阅读本书可以想想如何训导手下的客户代表。
- 对于有志于从事销售工作的圈外人士，这是一本很好的入门书，可以通过各色案例深入了解神秘的客户代表的日常工作和处理事情的方式。

谈到齐总和徐总两位，我欣赏他们的执着与坚持，过去20年来他们一直致力于销售研究和培训。2000年认识之初，看着他们为国内新兴的民企和急于转型的很多央企认真准备定制化的销售培训，到这几年客户群涵盖金融、工业和高科技行业无数名列前茅的全球500强企业，为它们构建梯次全面的销售培训和咨询体系，两位做了大量深入的实战研究和行业研究，积累了成千上万个实战案例，打造了客户口中“最接地气”的销售方法论体系。

按照两位的话说，销售部门是每家公司的最前线，销售能力实际上就是公司一线员工的单兵作战能力，没有好的销售，能有好的公司吗？销售的能力，在很多人看来是天生的，招聘到一个好的客户代表，就意味着公司前线能力加强了。这种对外来销售人才的倚赖实际上容易给公司业务的稳定发展带来很多用人上的隐患。事实上，销售的能力是可以后天培养的，20年来，在积累了大量实战案例的基础上，基于行为科学的研究，优训咨询建立了一整套全方位、分层次的销售能力培养框架，可以协助企业去培养、提高一线销售人员以及整个团队的能力，从而提高整个企业的业绩。毕竟，一个企业对市场份额的控制力，是靠销售团队的协同作战实现的，而对一个项目的控制力，是靠销售人员的单兵作战实现的。这大概就是为什么众多的世界500强企业在中国境内会选择优训公司协助其开发公司销售能力培训体系的原因吧。

《庄子·养生主》中谈到庖丁解牛，庖丁之所以能宰牛时动作优美，技术高超，解牛成功后志得意满，源于庖丁探究的是事物的规律，这已经超过了对于宰牛技术的追求。《大客户销售实战篇》这本书追求的也是通过一系列的小故事，与读者共同探讨培养大客户销售能力的规律，与大家共享优训咨询 20 年来对大客户销售控单之道的理解。让我们展开阅读之旅，欣赏齐洋钰和徐晖如何用最通俗的故事来解构大客户销售之道吧！

这是一本关于大客户销售的“hard ball”故事的书，也是一个销售培训界的“hard ball”！

时　郴

于加拿大

（时郴先生曾任惠普金融服务大中华区总经理、沃尔沃汽车金融（中国）有限公司营销副总裁等职，现旅居加拿大。）

目 录
CONTENTS

1

一个都不能少？

关键词

客户定位

资源匹配

核心方法论

客户定位

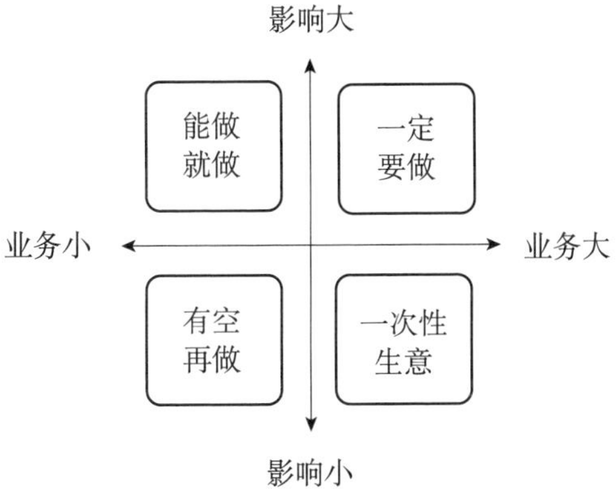

不同客户定位的销售目标

- 一定要做之抓大放小和大小通吃。对你而言，本次机会和将来有可能带来的长期价值都非常大，这样的机会一定要投入最优势的资源去做。能大小通吃最好，如果不能，也要帮助客户平衡关系，争取抓大放小，而不是因小失大。

- 能做就做之大小通吃。眼前本次机会可能带来的业务量有限，也许不是你目前考核的重要指标，但是介入客户会对将来有长期有益的影响，那么为了要创造良好的客户感受，带来未来的机会，需要投入相对优势的资源去做。

- 有空再做之挑肥拣瘦。这个机会带来的业务量本来就小，而且客户未来也不会有更多的业务机会给我们，客户在区域/行业内也没什么影响力，那么除非资源充裕，很有空，否则不必投入精力，或者可以作为锻炼新销售人员的机会。

- 一次性生意之大小通吃。本次业务机会很大，但长远来看没有特别的价值，我们应该把它看成一次性生意，最大化我们的收益，能打包就打包，争取能争取到的最好条件。

章节要点

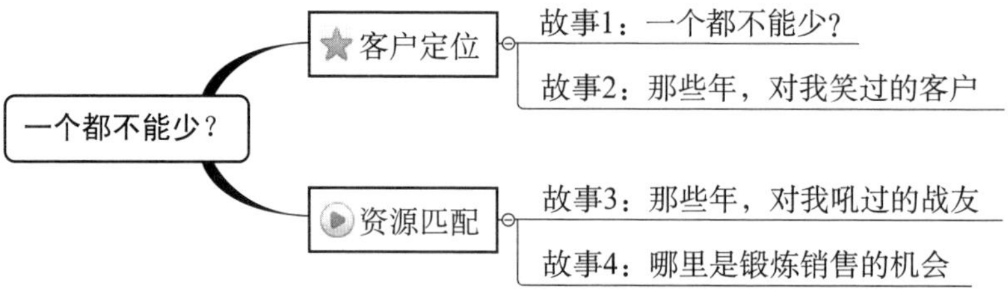

故事 1 一个都不能少？

销售，是不是所有的生意都要做

劳伦斯，某全球著名软件集成公司中国华东区总经理，最近很苦恼，因为本地一家民营软件集成公司一直追着他的项目打，永远报价比他低 20%，虽说管理好的客户不太会动摇，但是大部分销售都表示遇到了巨大的竞标压力。最近有个找上门来的项目机会，虽然只是个网站建设项目，但是由于电视台的网站对于内容播放有非常高的要求，点名需要集成全球最著名的网站内容管理的平台系统，光这个平台系统的采购金额就在 800 万元左右，而且集成非常复杂。这家民营软件公司的报价居然只有 850 万元，劳伦斯的公司的成本价都不止这个数！怎么办？

一家销售培训公司的大客户经理张小姐也很烦恼，有家在某领域数一数二的民营企业，近一年来不断向她抛出橄榄枝，包括三个项目：第一个项目要求深入了解他们公司，出了调研报告之后就没了下文；第二个项目要求头脑风暴，看看方法论是不是合适他们公司，带了核心顾问就核心方法论和他们的业务的结合开了场头脑风暴的内部座谈会，结束以后也没了下文；第三个项目是课程开发，好不容易签下来做完，交付时客户很认可，但就是以各种理由不付尾款，最后直接告诉张小姐：按照合同他们可以无理由不付尾款，就当是这期项目的折扣好了，来日方长，不要急着在一个项目上挣钱嘛，要拿出合作的诚意！张小姐一查合同傻了眼，该合同是该公司的标准大合同，几十页纸，一个字不准改，里面有很多霸王条款，当初张小姐也提出过质疑，但对方表示这是他们公司法务规定的大合同，和谁都是这么签，让张小姐不要多想，当时张小姐也就相信了。现如今公司收不到尾款，问责张小姐，这单的提成眼瞅着是拿不到了！怎么办？

如果你是张小姐，你会不会自认倒霉？下次那家民企再抛出一个项目来诱惑你，还接吗？

如果你是劳伦斯，会特批销售资源，死磕竞争对手，务必把电视台的项目拿下吗？

销售的天性是“闻单而动”，面对客户，面对销售机会，大部分销售的反应都是：再艰难都要拿下，一个都不能少！从百度搜索到的销售励志名言，不乏这样的名句：

1. 销售是从被别人拒绝开始的。

2. 抱怨竞争加剧，其实是在责怪自己没有太多创意。

3. 含泪播种的人一定能含笑收获。

4. 忍别人所不能忍的痛，吃别人所不能吃的苦，是为了收获得不到的收获。

5. 怕苦的人苦一辈子，不怕苦的人苦一阵子。

6. 世上没有绝望的处境，只有对处境绝望的人。

7. 即使赠品是一张纸，顾客也是高兴的。如果没有赠品，就赠送笑容。

8. 追踪、追踪、再追踪。如果要完成一次推销需要与客户接触5～10次，那么你不惜一切代价也要熬到那第10次。

所有这些销售励志名言，无一例外地传递了一个统一的信息：对客户好，对自己忍，坚持、坚持、再坚持，客户就一定是我的，每一个客户我都要尽到100%的努力。甚至有句名言是“客户虐我千百遍，我待客户如初恋”。

那么，每一个客户都是我们要对他好的目标客户吗？我们也经常听到一些不同的声音：

有新闻报道，有客户投诉某商业银行：设立 VIP 窗口是不公平的，是对非 VIP 客户的歧视！这引起议论纷纷，于是有人说：“银行为不同的客户提供差异化服务是市场经济的选择，这可以理解。”也有人说：“差异化服务的前提应该是为所有客户提供满意的金融服务，应该公平地对待每一位客户。”你的看法是什么？

如果你所在的公司不是做慈善事业的非营利组织，我相信其宗旨都是销售服务于有利润的客户！每一个行业或者产品市场都是由不同层次的客户和供应商组成的，我们做不到一个都不能少，我们只能有所为，有所不为。

那么你所在的公司定位服务哪一类客户？你清楚吗？面对不是你定位服务的客户的诱惑怎么办？面对原本不是定位一个客户群的竞争对手的恶意竞争怎么办？

本文开头的外资软件集成公司中，劳伦斯带领销售小吴打了场竞标战。报价 1 500 多万元，方案列明很多集成的难点和细节要求。竞争对手则在意料之中，报了 890 万元，客户难抵诱惑，最终这单被竞争对手以超低价拿下，但是客户选用了劳伦斯的公司提供的实施细节标准，要求竞争对手按这个标准实施。于是，在拿下这个项目之后的半年里，该竞争对手的实施团队焦头烂额，不断被客户挑战，不断补漏，原定半年完工的项目拖到了一年，在这一年里，由于该竞争对手的核心资源被电视台项目占住了，在很多其他项目的竞争上少了这个扰乱者的身影，在有些项目上即使碰到，他们也不太敢杀低价了，项目容易控制多了。小吴表示老板高啊，送一个复杂的大项目给竞争对手，让他们以中等项目的价格拿下，拖住竞争对手的手脚，我们就可以放开手脚做我们想做的客户了！

那位销售培训公司的张小姐果然过了几个月又接到了那家民企的需求电话，张小姐听完需求后，诚恳地表示，在销售培训领域，有另外两家我们经常遇到的非常厉害的竞争对手，听说其中一家刚刚做过你提的这种项目，你们要不要也联系一下他们呢？我有他们的联系电话。

如果公司没有从战略层面重新变革核心流程、产品服务配套和实施标准，站在销售部门的角度，我们必须说：不是所有的客户都是我们的目标客户，销售只服务于有利润的客户，特别麻烦的客户还是送给竞争对手吧！让竞争对手被这类客户耗尽精力，我们才能在真正属于我们的市场上自由驰骋！

客户，并不是一个都不能少的！

故事 2　那些年，对我笑过的客户

生意到底分几类

某商业银行客户经理小王最近有点儿烦：某高新企业是他的老

客户，该企业的老板李总在过去三年里都很支持小王的工作，前两天李总给小王打了个电话，表示他们刚刚决定进口欧洲的一条生产线，500 万欧元，问小王能不能在两周之内搞定这笔贷款，他合同已经签了，很着急。小王有点儿傻眼：按照银行的流程，两周跑出 500 万欧元贷款几乎是不可能的，可是感觉李总电话的意思是给了小王一个大生意，又不得不领情，怎么办？

某商业银行成都分行，新到任一位分行行长，在了解本地公金业务的过程中，发现有一个客户经理年年绩效都完成得很好，因为 7 年来有一个大客户稳定地给她 2 个亿的存款，再深入一看，这是一家百亿元规模的客户，7 年来除了这 2 个亿的存款业务，这位客户经理没有在该客户身上推动过任何其他的突破。这个客户被该商业银行定位成大客户，但在这个大客户心中该商业银行恐怕只是一个边缘化的非主打服务银行。怎么办？

在回答怎么办以前，让我们先来分析一下为什么会发生这样的情况。

高新企业老板李总应该知道两周搞定 500 万欧元贷款的难度是非常大的，这个项目就是我们通常说的啃骨头项目，不一定吃到肉，吃的过程中还有可能硌掉牙。关键是他为什么还会觉得这是给小王一个大生意呢？小王在和李总交往的过程中是否达成了真正的信任？是否让客户明白我们到底需要什么样的项目呢？

很多销售在和客户交往的过程中，提供的一切服务和帮助都以拿单为目的，但是并没有有效地使客户明白什么单才是好单，什么单对于我们来讲有些困难，于是很多客户就会理所当然地认为只要给你项目就是一种信任和帮助了，如果你居然还不接这个项目或者对这个项目有为难的表现，客户往往会有一种“怎么给你单子还不领情”的心理，这种心情对销售未来进一步推进客户关系是一种障碍。

当然从另外一个角度来说，以拿单为目的的服务，客户心知肚明：你对于他的服务并不是出于真正帮助他的目的，那么同样，客户也会把销售当作一种资源，在有需要时，利用销售的资源和对成单的渴求来达成客户自己的目的，这也普遍成为客户的一种采购策略。

对于成都分行的那位客户经理来说，在客户的百亿元规模里分得 2 个亿，事实上就是一个喝汤的，真正的肉从未到嘴。那么这个客户的主打行是谁？我们能否撬动其主打行的地位？如何去撬动？7 年来这位客户经理是否有过目标明确的规划和行动？还是相反，有一种拿稳了一个大客户的美好心情，并没有意识到自己只是一个喝汤的呢？

因此，当客户手拿项目对你微笑时，你看清楚这个项目是“吃肉”、“喝汤”还是“啃骨头”了吗？

“吃肉”、“喝汤”、“啃骨头”分别指的是在销售过程中拿到核心项目、边缘项目和困难项目。

“吃肉”不用说了，好的核心项目拿到手皆大欢喜，需要的是集中精力研究如何帮客户成功实施。

对于“喝汤”，有些时候，拿到了边缘项目其实不用泄气，若从其他迹象来看，这是个有实力的客户，好好服务，可能会带来很好的未来成长空间。当然我们也需要明确未来的成长空间在哪些方面，如何获取。有些时候，“喝汤”就不大妙了，因为我们会发现这个客户只能给我们“喝汤”，基本没有什么成长空间，这个客户的品牌也不具有行业或者区域的影响力，做了这个项目没有什么边际影响收益。那么，做，还是不做？

“啃骨头”项目通常有两种：一种是客户有良好的未来成长空间，我们需要做的是衡量自己的资源能不能做到？如何说服内部拿出特批资源去做到？如果确保做到，我们能否在这次项目里就获得客户对于未来的某种承诺？避免好不容易做到了，却极有可能夜长梦多。另一种是一锤子买卖，这单以后，客户几年没有能力有“以后”了。那么啃还是不啃？怎么啃？一锤子买卖如果有足够的收益，我们同样可以说服内部特批资源来完成，如果不但困难还没有值得付出特别资源的收益，我们就只能遗憾地对这个项目说“Bye-bye”了。

对于500万欧元贷款的项目，小王评估了一下，这是一个正在高速发展的企业，资产规模和营运状况相当良好，这个骨头值得啃一啃，处理好的话，不管啃不啃得下来，都要让自己在李总那里落下良好的人情关系。于是，小王和李总好好聊了聊，了解到这笔500万欧元的贷款并不需要一次到位，首付30%，生产线抵达后支付20%，安装完成试运行成功后支付50%。小王回行里请示行长后开始迅速跑流程，先把首付搞定，同时和李总约定，两周之内每日一报流程进展，请他理解行里的流程不是自己能影响的，只能尽力去跑，如果跑到一周希望不大，自己也会告诉他，同时还请他找一些地方性商业银行开始跑起来，国有银行的流程就更加没有希望了。李总觉得小王对自己这个项目是尽全力了，表示可以理解，大家赶紧干起来吧！

新到任的那位成都分行行长，指示支行行长带着客户经理好好了解该百亿元规模客户的需求和人际结构，看看有没有一些项目机会是我们可以提供帮助的。其实该客户经理是该集团一位副总的夫人，了解到项目机会有很多，只是客户经理不够专业，不知道怎么推动，于是该分行组织了一个专业团队配合这位客户经理，打响了一场从非主打行走向主打行的进攻战。

销售行走在市场上，面对主动向我们微笑的客户，需要保持理性的判断：这是什么项目（如图 1—1 所示）？这是什么客户？如果项目小，那么未来机会大吗？该客户在行业或者区域的影响力大吗？如果项目大，这是一个一次性生意还是未来机会也大？不同的项目和客户的组合，需要匹配不同的销售目标和策略，当然，也需要匹配不同的内部资源。

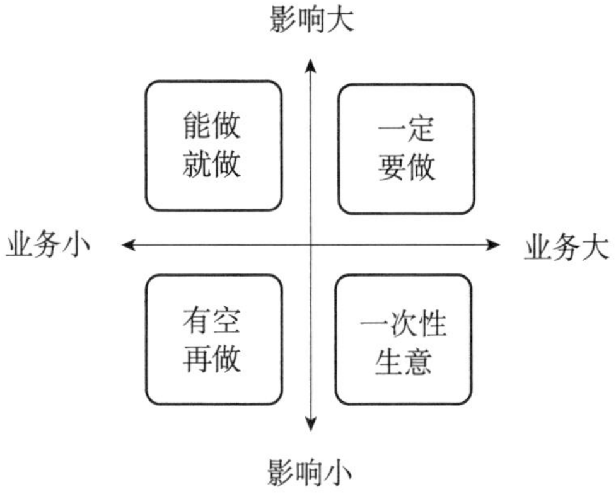

图 1—1　客户定位

面对客户的微笑，请对这个生意属于什么类型保持理性和识别力。

故事3 那些年，对我吼过的战友

不同的生意到底应该匹配什么不同的资源

夜里10点多了，杰森终于和哈利小心翼翼地用一套自制滑轮系统把一个巨大的工件吊装到了装置台上。明天客户就要来参观了，今天中午杰森去找工程部经理要求支持时碰了一鼻子灰。工程部经理表示：最近项目太多，工程师都派出去了，没人能帮你，你只能自己想办法，明天客户要来我也没办法，要不你向老大申请多给我批几个人。杰森没办法只能回销售部请同事哈利帮忙，把上学时学的那点物理知识都用上了，才把装置台布置好。

发生了什么？为什么工程部经理这么不配合？

小木正厚着脸皮求自己的分管副总一起去见一把手，希望能请一把手去开一个挨骂道歉的会。原来小木所在的D公司与一家大专院校合作时，D公司连续两次施工挖完草坪和花坛都不给学校复原。有一次正赶上教委到学校视察，校长非常恼火，宣布以后别让D公司的人再进学校的大门！这次要是不去挽回，这家大专院校的任何生意机会都没可能了。小木知道自己拿着整改方案去，校长根本不会见，只有请职位对等的一把手去，才能显示诚意。让校长训斥完我们，出了胸中那口恶气，再给出有诚意的整改方案，D公司在这家大专院校才有可能有未来。

挨骂丢面子的会，一把手能陪小木去开吗？

看了杰森的故事，相信很多销售都会有共鸣：行走江湖，谁没被资源战友吼过啊？如果让销售们吐槽受过资源哪些气，那真是要三天三夜都说不完！然而，除了血缘关系之外，这个世界上没有无缘无故的爱，也没有无缘无故的恨，资源战友为什么会冲你吼呢？

杰森的上一个项目，工程部经理是鼎力支持的，当时杰森描述这个客户多么重要，项目多么大，工程部在百忙之中派了最得力的一个工程师支持了杰森半年，做样机、测试，尽心尽力，结果签约的只是一个小项目，事多钱少，工程部忙活很久也没啥效益，从此工程部经理看见杰森就没好气。

众所周知，一个公司的资源是有限的，不可能平均分配在每个项目上，也不可能每个项目都能得到最优质的资源，于是，大部分销售为了成单，一边在客户面前拍胸脯打包票，一边八仙过海各显神通地去忽悠最优质的资源帮助自己成功，资源越优质，成功拿下项目的可能性越大，让销售怎么能忍住不去使用呢？尤其是新销售，由于自信不足和成单之心迫切，更加依赖优质的资源。

从销售的角度而言，指望销售自觉合理使用资源是很困难的，公司应该明确划分项目类别和客户级别，至少可以划分成大客户大项目，大客户小项目，小客户大项目，小客户小项目四个类别，最优质的资源只能用在大客户大项目上，其次是大客户小项目和小客户大项目，最后才能轮到小客户小项目（如图1—1所示）。

关键是什么叫做大客户？什么叫做小客户？什么叫做优质的资源，什么叫做其次？

公司需要根据客户的规模和影响力定出客户的分级标准，比如行业排名前三的客户都是大客户。什么项目达到了大项目的量级，什么项目只是小项目？各行各业的标准是不一样的，公司需要根据自己平均项目的量级来分级定义，比如100万元以上的单子在培训业就算大项目了。更复杂的是资源分级的定义，有些公司的核心资源是人，有些公司是物，有些公司是流程，每个公司都不尽相同。当然，我们怕的并不是不同，而是我们没有清楚地分级定义它们。

有了清楚的客户和项目的分级定义，再去定义资源的不同分级，明确不同定位的客户、项目和资源之间的匹配要求，销售在进行多项目管理时会少走很多弯路，学会给项目匹配恰当的资源，和资源的磨合才会渐入佳境。不会像现在杰森这样一声叹息，悔不当初：不该为了一个小项目忽悠了工程部老大啊！这得花多长时间和精力才能挽回啊？还得配合非常高超的沟通艺术。

在资源的使用上，销售需要谨记一条原则：左手摆平客户，右手摆平资源，是销售的天职，不能厚此薄彼！否则，就不要怪你的战友对你吼。

小木胸有成竹地对自己的分管副总说，过去三个月，他和该大专院校的信息中心主任和分管信息化的副校长都建立了非常好的关系，正在筹划一个从“安全校园”到“智慧校园”的项目，分三期规划，整体大概4 000多万元，如果推动这个项目，可以帮助校长实现他的梦想：专升本！但是副校长提醒他，如果不能抚平校长的情绪，这个项目规划交上去也是白便宜了D公司的竞争对手，校长可能根本就不批准D公司参与。只要校长肯让D公司参与，其他的事情就交给他，这个项目给D公司基本没问题。听完小木的介绍，分管副总一拍大腿说：“有4 000万元的项目在，走，找老总去，他肯定愿意去，不就是去挨顿骂嘛!”

资源也不傻，在真正有价值的客户和项目面前，他一定会陪你共同战斗的!

那么，不同的生意到底应该匹配什么不同的资源？你的公司清楚定义了吗？

故事4 哪里是锻炼新销售的机会

新手老丢单又不舍得他丢单怎么办

某培训公司的市场部经理向销售总监金总夸奖她新招进来的一个电话销售小张，小张每天电话量非常大，公开课报名的客户一个又一个，小伙子很有干劲啊! 金总倍感欣喜，调出了电话录音系统里小张打电话的录音，不听不知道，一听吓一跳，这么牛头不对马嘴的销售话术和生硬的对答也能带来很好的业绩？恐怕是市场部推广做得好，这些报名的公司都听过我们在推广展会上的课程介绍或者部分方法论的展示演讲，才来报名的吧？和小张的努力有关系吗？

笔者最近参加了一个聚会：宝洁大学同学会。去参加的人目前服务于泛零售产业的各类著名公司，有传统零售业的，也有新兴的电商行业的，他们的共同点是当年大学毕业后服务的第一家公司是宝洁，而且绝大部分人服务于宝洁的年限都在7年以上。这个同学会的成员都以曾服务于宝洁为荣，认为自己如今叱咤职场的很多核心能力都是宝洁培养出来的，因此都不约而同地称宝洁为宝洁大学！

张总最近忙得让家成了旅舍，除了回去睡觉，其他时间都奔波在生意场上，六一儿童节女儿学校有汇演，女儿的小提琴独奏表演自己都没空去看，深感愧疚！可是没办法啊，两年前，公司挖了一个业内很厉害的大销售进来开拓一个行业，头一年业绩就拉上去了，后来还给这名销售组建了一个小团队，干得正红火时，竞争对手高薪挖角，这个大销售拉队伍跳槽过去了，很多客户都跟他一起到竞争对手那里去了，张总为了挽回损失，每天忙得焦头烂额。

第一个故事，金总头疼的是，小张这种销售话术赶跑的客户恐怕比他招来的还多，这样的电话销售还要吗？

第二个故事，有很多销售老总会说：谁不知道自己培养的团队最稳定、最忠诚呢？没办法啊，销售不同于其他岗位，业绩数字像达摩克利斯之剑一样每个季度悬在头顶！我们哪里来那么多的时间和空间像宝洁那样来慢慢培养一群大学生成长为好销售？

第三个故事，张总表示不是不知道用成熟的销售有这种危险，但不这样做能怎么办呢？

在金总的公司，小张是个电话销售，负责的是招募公开课的客户，整个公开课在金总公司的业绩占比还不到5%，开设公开课的主要目的是市场推广，让更多的客户知道这个公司，通过公开课招徕内训或者咨询的新客户。因此，公开课项目可以说是一个典型的小客户小项目，这样的客户定位需要配备非常优秀的销售队伍吗？还是恰好是一个可以慢慢培养新销售的机会呢？

每个公司都有这样一类小客户小项目的生意，拿下没什么肉，丢了也不那么可惜，这样的生意非常适合用来锻炼新销售。

我们都知道，大部分新销售技能不够娴熟，对公司的品牌、产品和历史也不够熟悉，需要有一个培养期才能慢慢提升。当然，很多公司会说，我们有两周到一个月的新销售入职培训期啊，我们安排了公司品牌、产品、解决方案的成功案例和销售技能的大量培训，还有模拟见客户的实景模拟考试。这样就足够了吗？销售的成长有一个从获取知识到技能初现再到技能固化的过程，再好的实景模拟培训最多只能做到技能初现，而技能固化短则需要六个月，长则需要一年，才能固化他们的销售行为。没有稳定销售行为的队伍放到市场上，表现总是令人担忧的。因此，对于新销售来说，没有比在战场上直接战斗更好的训练了。让我们把小客户小项目这个地盘留给新销售，成为他们可以在“战中学，学中战”的锻炼机会。

这样一来，很多销售总监的忧虑就迎刃而解了：

1. 新销售老丢单。小客户小项目的单子丢了也不会造成很大损失。

2. 没有时间培养新销售。让你的新销售在小客户小项目的地盘上战斗半年到一年，自然会发现有一些新手变成了熟手，甚至成长为能手。

同时，销售总监们搭建自己嫡系销售部队的梦想也有可能实现：

1. 招募大量新手，在半年到一年的小客户小项目中赛跑。

2. 赛跑获胜的新手晋级为熟手，开始负责大客户小项目，或者小客户大项目。

3. 从 2～3 年的熟手中挑选一些能手，负责大客户大项目。

只有像宝洁那样培养自己嫡系的销售部队，而不是像张总那样带领一支市场上风一吹就跑的“皇协军”部队，才能保持公司在市场上长久的战斗力。嫡系的忠诚来源于公司的培养，从销售入司开始就打造共同的销售语言、统一的销售行为和默契的销售习惯，这样的战斗部队才能在市场上发挥出集团军的力量。

锻炼你的新销售，不断为你的嫡系战斗部队补员。

找到锻炼你的新销售的机会，不怕损失又不影响业绩。

2

每一次战斗都是吹号冲锋？

关键词

开局定位九宫格

开局销售策略

核心方法论

开局定位

	我方地盘	中立地盘	敌方地盘
开局落后	解决问题	解决疑虑，重塑需求	寻找突破
开局中立	探索原因	争取先机	扩大问题
开局领先	加速进程	保持领先	乘胜直击

不同开局定位的销售策略

1. 加速进程。已经有充足人脉，又是客户属意我们的项目，毫无疑问应该影响客户尽快招标、开标、定标，以免夜长梦多。

2. 探索原因。首先应该了解客户没有表达倾向的原因，而不应该匆忙进入项目。

3. 解决问题。拖缓招标进程，赢得时间，尽快解决历史遗留问题，以此赢回客户关系，然后才可能继续参与项目，否则只会更加落后。

4. 保持领先。保持开局优势，继续挖掘客户需求，拓展人脉，扩大目前优势。

5. 争取先机。大家都在同一起跑线上，动作快（最先抓住客户需求，最先搞定客户人脉）就占先机。

6. 解决疑虑，重塑需求。谨慎进入，首要任务是了解客户，了解对手给我们下了什么药，在此基础上重塑需求，解决疑虑。需要拖缓招标进程赢得时间。

7. 乘胜直击。继续找全对手弱点，充分暴露不良后果，同时扩大领先优势。

8. 扩大问题。了解什么原因使客户对对手持保守态度，找到问题，扩大问题，同时根据对手弱点和客户需求重塑我方形象。

9. 寻找突破。这种情况非常被动，取胜机会不大，唯一的途径就是侧翼突破或者寻找小的（人或者事）突破口，逐步蚕食，做通转变工作，不要直接硬碰硬。

章节要点

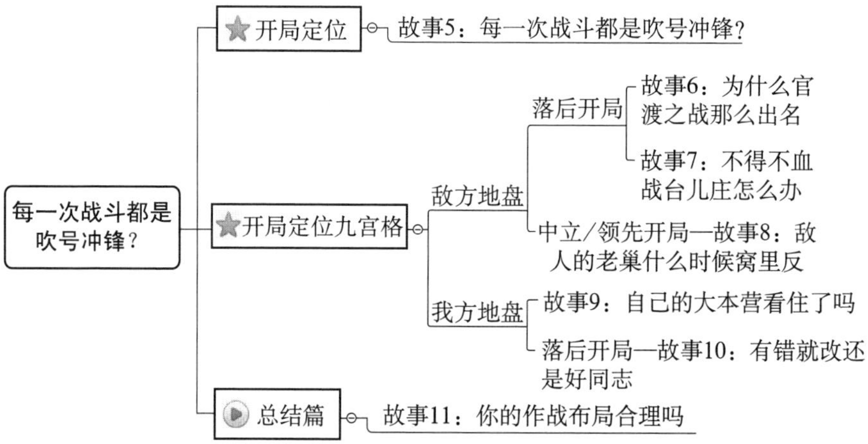

故事 5　每一次战斗都是吹号冲锋？

不同的开局定位，是否应该有不同的打单策略

E 公司为一家国内领先的配电系统集成商服务很多年了，这家集成商每年都要采购三四百台 E 公司的工作站。今年 E 公司的销售雷蒙德照例接到了这位老客户的邀请，不同的是，这次不是老产品线每年的例行采购，而是参与竞标他们新开的一条集成产品生产线，雷蒙德照老规矩准备方案拜访客户，发现除了采购老王对自己还是一如既往的热情，技术科显得有些谨慎，从来不过问生产线 OEM 采购的销售科特别积极，一直在刁难自己，而历来只是陪标的 E 公司的竞争对手 P 公司这次非常活跃，和销售科走得特别近，似乎志在

必得。发生了什么?

某区领导班子换新，D公司王经理迅速通过该区某办主任与该区领导建立了联系，发现作为一个工业大区的附属区，该区主要人口都为该工业大区的退休工人，经济发展上很难有所建树，但是通过“智慧社区”项目有很大的机会树立政绩。该区领导对王经理的敏感和切合实际的规划表示很赞赏，项目很快立项，报到了市里申请资金，结果却让王经理傻了眼：市民政局局长明确表示“智慧社区”项目市里已经指定A公司负责，市里要搞就只能用A公司的。怎么办?

大部分销售在打单过程中都聚焦在理解需求、介绍自己和PK对手的各种动作上，如果用战争打个比方就是：只会吹号冲锋！记得收视率极高的电视连续剧《亮剑》中有这么一个桥段：山崎大队这个日军小分队，误打误撞冲进了八路军在太行山区的后方根据地，占据了一个小山包，在山包顶部中心布了一个圆形阵地，阵地边缘离山包顶部边缘80米，陈瞎子带领的777团冲锋了7次，部队伤亡惨重，都没能拿下这个小山包。轮到李云龙带领独立团上的时候，李云龙说：把全团上千号人拉开围拢山包打，这叫添油战术，乃兵家大忌，他才不干呢！李云龙派工程先锋队挖壕沟沿山顶边缘向中心推进了50米，再把全团上千颗手榴弹集中到第一个冲锋的一营，隔30米扔进山崎大队的阵地，炸了山崎大队一个满场开花，迅速解决了战斗！

战争有各种兵法策略，那么销售之战呢？SCG优训咨询通过十余年对上千个销售案例的总结发现，所有的销售战局都可以归类为九种，称为“开局定位九宫格”（如本章开篇“核心方法论”图示），不同的开局定位需要采取不同的销售策略。

E公司进攻的这家配电系统集成商的新生产线集成项目，是典型的我方地盘，开局中立：

1. 过去生产线集成项目都是E公司负责。地盘判断结果：我方地盘。

2. 对于新生产线集成项目，这家集成商没有明显倾向，E公司和竞争对手P公司都有机会。开局判断结果：开局中立。

“我方地盘、开局中立”定位的打单策略是：探索原因。自己的老客户有新项目时却对自己没有倾向，为什么？雷蒙德如果找采购老王好好聊聊就会发现，原来是因为该公司董事长说了一句“鸡蛋不要放在一个篮子里”，所以销售科心领神会地引进了P公司。那么雷蒙德应该怎么办呢？他应该去找董事长觉得“鸡蛋不要放在一个篮子里”的原因，而且单子不能只打在科室的层面，要想办法请领导见董事长，让董事长觉得“鸡蛋放在一个篮子里”也是安全的！这样E公司才会有赢的生机。可惜这张单子的销售雷蒙德没有认识到打单策略的重要性，仍然采取了吹号冲锋的进攻手法：给方案，谈价格，只和采购老王走得近，最后遗憾地输掉了这个项目。

站在竞争对手P公司的角度，开局定位正好和E公司在开局定位相反，这是一个“敌方地盘、开局中立”的项目，打单策略是：扩大问题。对手的老客户在有新项目时为什么肯给自己机会？找到那个问题，然后扩大那个问题，让客户下定决心抛弃老供应商。P公司的销售也没有认识到打单策略的重要性，采取的也是传统的吹号冲锋的进攻手法：给方案，谈价格。能赢的主要原因是E公司的销售雷蒙德在P公司的价格战面前扛不住压力，拉低了价格，让这家配电系统集成商的老总勃然大怒，这就意味着之前采购的工作站都买贵了，明显采购老王有问题啊！雷蒙德没有洞察到打单策略的不当操作，造成了竞争对手P公司的成功，雷蒙德的降价证明了E公司的问题比想象的还要大！这正好符合P公司应该采取的扩大问题的策略。其实P公司如果知道董事长“鸡蛋不要放在一个篮子里”的想法，原本完全不需要价格战，可以用更好的价格拿下这个项目。

有多少单子，销售采取传统的吹号冲锋的策略，赢不知道为什么赢，输不知道为什么输。在了解了开局定位九宫格的销售策略之后，你还敢不判断开局定位就全面打响销售之战吗？

某区的“智慧社区”项目，D公司的王经理是一位李云龙式的销售战役指挥官，他敏锐地察觉到，如果这个项目上升到市民政局，就等于进入了“敌方地盘、开局落后”的定位，赢面非常低，很难有突破。必须要让项目的决定权回到区里，回到“中立地盘、开局领先”的定位上，只要保持领先，自己的赢面就非常大。因此，王经理找区领导深入地聊了聊：如果这个项目听市民政局的，做好了也是市民政局的政绩，区里干了也白干，如果区里能够自己解决资金问题，才能把政绩牢牢地抓在区里。区领导心领神会，通过自己的关系从其他途径专款专用拨来了资金，还拿来了专门的批文，顺利和D公司签约了“智慧社区”项目。

你看，销售高手不但非常清楚如何通过开局定位来制定打单策略，还会根据需要来推动开局定位的转变，操作精妙之处让人拍案叫绝!

那么，身为销售的你现在在忙什么呢？还在简单地吹号冲锋，研究各种精彩的术，比如，如何很好地理解客户的需求，如何精彩地展示自己的解决方案，如何 PK 竞争对手吗？

术很重要，道，即打单策略更重要！我们不能每一次战斗都只会吹号冲锋！

故事 6 为什么官渡之战那么出名

硬骨头啃还是不啃

小周很苦恼，她已经在 Z 银行连陪三次标了，Z 银行和她的竞争对手 B 公司合作多年，据说 B 公司的北方区销售总经理和 Z 银行的大行长在过去的合作中建立了深厚的友谊，多年来 Z 银行的信息化建设项目，甚至一些业务发展的咨询项目都由 B 公司包了，各家 IT 厂商想在 Z 银行突破都很难，小周所代表的 P 公司也不例外。现在 Z 银行又在招一个灾备中心的项目，标书已经上网，P 公司也在邀标范畴，去还是不去？

在开局定位九宫格中，最让人发怵的一个定位就是“敌方地盘、开局落后”，竞争对手已经服务客户多年，产品或服务在客户那里占有优势份额，新项目起来时，客户还向你屏蔽消息，如果可以，客户就走单一来源采购，从头到尾都不带你玩，实在没有办法，必须走招投标流程的，标书上网以后才来拉你陪标。这种硬骨头太难啃！可是销售们看看这种项目的金额和该类客户的持续采购潜力，又觉得不去啃太可惜了，实在难抵诱惑。

很多有畏难情绪的销售这时可能又翻开了一些激励销售的书籍，寻找一些励志名言激励自己，比如：

1. 没有一种不通过蔑视、忍受和奋斗就可以征服的命运。

2. 伟人之所以伟大，是因为他与别人共处逆境时，别人失去了信心，他却下决心实现自己的目标。

3. 挫折其实就是迈向成功所应缴的学费。

4. 积极的人在每一次忧患中都看到一个机会，而消极的人则在每个机会中都看到某种忧患。

5. 推销必须有耐心，不断地拜访，避免操之过急，亦不可掉以轻心，必须从容不迫，察言观色，并在适当时机促成交易。

6. 未遭拒绝的成功决不会长久。

其实，与其花时间读这样的励志名言，不如花时间好好考虑：这种硬骨头我们一定要啃吗？为什么？

从古至今，总有些战役非常出名，从周武王的牧野之战，到曹操的官渡之战，再到近代的孟良崮战役，这些著名的以少胜多的啃硬骨头的战役，不但造就了一代历史名将，也转变了一个国家的命运，非常令人神往！

从敬仰佩服的思绪中我们回到现实：为什么这样的战役会名垂青史？不仅仅因为重要，更因为：少！难！我们都明白，历史上，绝大部分取得胜利的战役都是以多胜少，以众凌寡。

那么，销售的目标是成名还是赢单呢？销售以完成业绩指标为第一目标。每一位销售的时间和精力都是宝贵的，我们一天加班再加班也只能工作十几个小时，我们在一年之内能够进攻的项目、服务的客户是有限的，为什么不把有限的时间和精力集中在容易赢的项目上，而要去啃硬骨头的项目呢？

“敌方地盘、开局落后”的硬骨头项目赢率很低，而且很容易牵扯超出平常项目数倍的能量和精力，不到万不得已，从销售布局的角度说，我们都不建议进攻这样的地盘，而且没有李云龙那样的将军来指挥这种战役，输是可以预期的。即使是李云龙，他在《亮剑》中带领一个师守住了碾庄，经受了榴弹炮的洗礼，可是从晋西北带来的老兵打光了3/4。我们准备好付出这样的代价和资源去拿下“敌方地盘、开局落后”的硬骨头项目了吗？

权衡利弊，小周把目光转移到了另外两个项目机会上：

一个是小周公司的竞争对手H公司的老地盘：A区公安局。小周所在的H市A区刚刚发生了一起严重的踩踏事故，媒体报道都集中在该区的安全预警能力问题上，一批高官如A区公安局局长、A区区长都落马了。小周觉得机会来了，本来A区公安局是个敌方地盘，过去的信息化建设都是H公司做的，这次被媒体诟病的安监系统也出自H公司的手笔，现在出了这么大事，安监系统升级势在必行，弄不好还能推动成“安全城市”的项目。新项目H公司还想要继续参与就难了，这极有可能是个开局中立的项目，操作得好，还可以变成开局领先，就看哪家IT厂商跑得快了。

另一个项目是某大医药集团落户本市的一个大医药基地项目，涉及很多信息化建设的规划，而该集团刚刚完成对本市原某医药公司的并购，管理人员全面换新，过去该公司在信息化上面也没有太多的建设，完全是个中立地盘，比的也是谁跑得快能够争取到开局领先了！

有这两个项目的信息在手，小周觉得还是不要浪费自己的宝贵精力和时间去Z银行给B公司陪标了，还是集中火力进攻这两个项目吧！

销售行走市场，从最大化销售效能的角度看，首先需要寻找的项目机会应该是中立地盘的项目，这些地盘属于各大厂商势力犬牙交错的地带，赢面比敌方地盘大得多！当然，如果敌方地盘的项目我们能有机会做到开局中立甚至开局领先，也不妨好好干一场！至于个把“敌方地盘、开局落后”的硬骨头项目还是留给傻孩子们或者项目机会太少的穷孩子们去啃吧！

硬骨头，我们的态度是：能不啃，就不啃！

故事7 不得不血战台儿庄怎么办

硬骨头不好啃啊！

某电气自动化厂商在行业排名中没有进入前三，新组建了一个大客户团队，列出了一张重点大客户名单，提出从产品销售走向方案销售的转型之路，吹响了全面进攻的号角，意欲提高本品牌在这些大客户中的采购份额。过去该厂商的产品在这些重点大客户的采购中占比都不高，这些都是典型的敌方地盘。更糟糕的是，其中有些行业影响力大和规模非常大的大客户主打使用竞争对手的产品已经很多年，和竞争对手的关系非常深入，很多采购往往直接内定了竞争对手，对于该电气自动化厂商属于开局落后。这些“敌方地盘、开局落后”的项目很难撼动，但又不得不去撼动。怎么办?

某三甲医院是其他医院的风向标，该医院院长是E品牌的粉丝，和该品牌合作多年，从64排到1.5t核磁共振，再到CT，基本采购的都是该品牌的产品。N品牌连这个医院的门都迈不进去，可是如果要进军这个市场，不拔下这个桥头堡，就很难在这个区域打开局面，这也是一个典型的“敌方地盘、开局落后”的项目。怎么办?

有些难啃的“敌方地盘、开局落后”的硬骨头项目，我们经过深思熟虑后发现它们或者关乎公司的转型突破，或者关乎一个区域的屏障突破，都把我们逼到了不得不“血战台儿庄”的境地，这个时候，只有一个选择，那就是必须要赢，不计成本也要赢！因为这些项目关乎我们的销售战略定位，可是，怎么赢?

“敌方地盘、开局落后”的打单策略是：寻找突破！这种项目我们往往非常被动，取胜机会不大，需要寻找突破点，怎么找？通常有三种手法：

1. 侧翼战，不直接在大项目上硬碰硬，采取蚕食策略，通过一个又一个不太引起主打竞争对手注意的小项目，逐步渗透，争取机会逐步搭建或者重塑自己的客群关系，等待时机，直到：

（1）客户对己方刮目相看，肯给更大的机会。

（2）主打竞争对手的主要客群关系换人。

（3）主打竞争对手犯错。

当时机出现时，这个地盘再起新项目就由开局落后变成了开局中立甚至开局领先，到那时，我们就可以在大项目上正面较量了！这就是典型的毛主席的“农村包围城市”的侧翼战和游击战策略！

比如，N品牌是这样谋划自己进攻那家三甲医院的策略的：首先，绕开主打竞争对手死守的放射科，找找看其他不被主打竞争对手重视的科室的需求，N品牌的销售很快发现，该医院的妇科打算采购一台阴超，这是一个很小的项目，N品牌的销售主动陪同经销商多次登门拜访研究需求，后来发现该医院的儿科主任是刚刚挖来的知名儿科专家，在院长面前颇说得上话，她正在为医院的儿科申请一些国家级的资助，力求降低新生儿某些疾病的发病率，于是N品牌销售特别提到妇科是为儿科保驾护航的部门，新生儿疾病不仅要抓治疗更要抓预防，建议相比于增加阴超，增加腹超更能够帮助解决问题。儿科主任因此对N品牌的销售非常欣赏，在院长面前夸奖N品牌的销售真正为医院的发展和需求着想，不仅仅是个销售。于是院长提出，医院打算新购一台高端核磁共振，N品牌有兴趣的话不妨也来参与一下。

自此，N品牌在高端核磁共振这个大项目上获得了“敌方地盘、开局中立”的开局定位，有了和主打竞争对手正面交锋的可能。N

品牌的销售总监对该销售说：好好研究一下为什么儿科主任夸我们不仅仅是个销售，院长就愿意给我们一个机会，是不是主打竞争对手的销售过去推销得太厉害了，对医院真正的需求和发展关心不够？如果是，我们一方面要按照“敌方地盘、开局中立”的定位采取扩大问题的打单策略，去扩大这个问题在院长心中的恶感；另一方面要从业务发展的角度去研究应该怎样帮该医院上高端核磁共振，我看这次我们很有赢面啊！

当然，看了N品牌的故事，仍然有些销售会苦笑着说，我们没法“八年抗战”啊！领导没有给我们那么多时间来等待啊，有的时候还没等我们这样布局，新的大项目的机会已经出现了，我们需要迅速突破，怎么办？让我们看看另外两种手法。

2. 制造爆破点，寻找客户内部人或者事的突破口。

（1）人的突破口：客户内部有没有人对主打竞争对手不满？他为什么对我们的竞争对手不满意？他是否因为这种不满意愿意去帮助我们？我们如何去扩大他的不满意，从而加大他支持我们的力度？我们有办法顶这个人在客户的决策链条中占据重要位置吗？

某大学的采购科长一直只手遮天，连续三年的PC采购招投标都给了L公司，该大学的校领导对PC采购这种小事情不关心。今年该大学的动画系扩招，要再建两个多媒体教室，P公司接到标书才知道有这么个项目，眼看又是陪标的份儿了。P公司为了寻找突破，在一次教育产业交流论坛上想办法见到了该校的动画系主任，特别安排该动画系主任去了P公司在该市某著名大学的多媒体教学基地参观，还没等参观完，动画系主任已经决定和P公司合作，同时请

P公司务必牵线让自己和这所著名大学的多媒体教学基地结对子，方便以后互相交流。该主任表示：本来只是买个PC，自己没必要干涉那么多，只要配置好，买谁家的不一样啊？现在看来里面还是有很多专业的学问啊！至于采购那边，他会去想办法搞定，让P公司不用担心。没多久，采购副科长和P公司接洽迅速通过议标的方式搞定了该项目。

很多项目中，客户的组织结构内部有很多人没有发话，可能是因为这个项目不值得他们发话，也可能是因为没有到发话的时机，关键是我们能不能找到其痛点，让他们愿意为我们发话呢？

（2）事的突破口：站在客户需求的角度看，有没有比竞争对手更好的解决方案可以满足客户的需求，而这种解决方案所带来的收益是客户很难抗拒的？

从那家电气自动化厂商的整体重点大客户进攻战略来说，要想撬动一大片"敌方地盘、开局落后"的项目，不真正从客户需求的角度出发，重整自己的解决方案，拿出真正让客户难以抗拒的综合优势，光靠销售的战斗力去突破，对销售团队的要求太高了！毕竟寻找事的突破口，最重要的是针对竞争对手变革自己的解决方案，而解决方案变革通常需要公司从战略层面出发，驱动产品或研发部门去解决。仅靠销售部队一己之力，实如蚍蜉撼树，难动分毫！

因此一年下来，那家电气自动化厂商的战斗打得稀稀拉拉，有很多项目销售还不知道就花落竞争对手了！个别有突破的项目，也是因为有个别销售高手找准了人的突破口，在客户内部培养了一些有力的支持者才险胜。毕竟高手在销售队伍里的占比永远不会太高，很难期待仅仅依靠高手来拉动整体销售大势。

最后一种寻找突破的手法，对销售的要求就更高了。

3. 拉动开局定位的转变，如果在客户的分公司操作项目是敌方地盘，那么是否可以把项目拉到集团做决定，就会变成中立地盘或者我方地盘？如果在客户的集团操作项目是敌方地盘，是否可以把项目下放到分公司做决定，就会变成中立地盘或者我方地盘？拉动地盘的转变，客户的决策层也随之变成另外一批人，对我们的态度也会转变吗？如何变才对我们最有利，我们就去推动这个转变！问题的关键是，如何推动开局定位的转变？

（1）客户自己推动。如本章第一个故事《每一次战斗都是吹号冲锋？》中谈到的某区“智慧社区”项目，区长为了确保自己的政绩，会主动寻找资源来帮助推动开局定位的转变。你在项目中找准了客户的需求，让客户主动斡旋去推动开局定位的转变吗？

（2）找到高层资源。很多大公司都有专门对口大客户集团的团队，如果你是区域的销售，要学会充分利用你所服务的公司的资源，去看看在客户的集团甚至更高层是否有资源可以利用。如果没有，你还能找到哪些社会资源？在这个问题上，销售们只能是八仙过海，各显神通了！

总而言之，“敌方地盘、开局落后”这种硬骨头确实不容易啃，如果真的要啃也不是没有方法，但是需要高超的销售能力或者特别的销售资源，你有信息或者准备好资源“血战台儿庄”了吗？

故事 8 敌人的老巢什么时候窝里反

掌握策反敌人的老客户的最佳时机

某民政局“智慧养老”项目，一期规划是X公司做的，但是由于民政局长的一个招呼，一期软件和云平台都被竞争对手Y公司拿下了，二期时该民政局又回过头来找X公司沟通，在X公司的带领下四处参观类似的成功案例，最终二期给了X公司，但是相比一期近5 000万元的预算，二期只有1 000万元预算。“敌方地盘、开局中立”的项目，发生了什么?

某著名工业自动化设备公司的销售小魏最近很开心，某大钢厂原本是他的老客户，合作了三年之后，突然在去年一个大项目竞标中很青睐他的竞争对手，这家竞争对手的销售也很会表示诚意，正常来说怎么也要800万美元的项目只500万美元就给钢厂做了！结果这不靠谱的价格导致后期的实施很不愉快，问题频出，钢厂的领导很恼火，于是今年的项目不得不又重新给小魏。从“我方地盘、开局落后”，到“敌方地盘、开局领先”的项目，发生了什么?

我们在《为什么官渡之战那么出名》一文中深度探讨了“敌方地盘、开局落后”的硬骨头项目能不啃还是不要啃了，但是“敌方地盘、开局中立”和“敌方地盘、开局领先”的项目大可以好好进攻！我们也在《不得不血战台儿庄怎么办》一文中探讨了应该用侧翼战、游击战的方法逐步切入敌方地盘，等待主打竞争对手的主要客群关系换人的时机、主打竞争对手犯错的时机，当时机出现时，这个地盘再起新项目就会由开局落后变成开局中立甚至开局领先，那时候就是我们在该地盘全面翻盘的时机了。

按照这个理论，民政局的项目怎么在翻盘后只剩了1 000万元？钢厂和小魏合作得好好的为什么会突然翻盘？翻盘后怎么又回到了小魏手中？我们是否精确地侦测到了敌人的老巢什么时候窝里反？是否掌握了策反的最佳时机？

首先，要看是我们主动侦测到了客户人的异动或者主打竞争对手事的变化，还是在有新项目以后，客户主动向我们抛出橄榄枝时才察觉？

民政局的项目一期X公司就参与了规划，失单以后，发生了什么？Y公司干得怎么样？民政局的人事有没有变动？二期为什么又肯给X公司机会？深入研究就会发现，Y公司把一期工程干砸了，做成了个绣花枕头外面光，里面经不住推敲的项目，民政局的领导心知肚明，但整个“智慧养老”项目已经报到了省里，骑虎难下，不得不完工，因此二期重新找当初参与规划的X公司来看看会不会干得比Y公司靠谱一些！但是所有的这些消息是当X公司接到二期项目的橄榄枝以后才知道的，那个时候预算已定，只有1 000万元！在这个预算下即使成功赢了二期项目，也还是在啃骨头！

X公司如果能够提早关注、提早侦测，就会提早发现竞争对手把项目搞砸了，也会提早进攻该客户，帮助该客户规划如何弥补，二期如何和一期衔接，二期项目起来时会直接进入“敌方地盘、开局领先”而不仅仅是“敌方地盘、开局中立”的定位，而且X公司可以提早和客户沟通，该“智慧养老”项目将来是要和省里的“智慧城市”项目相对接的，用1 000万元预算象征性地把“智慧养老”项目收尾，还是用更大的预算让X公司利用二期的机会顺便把一期屁股也擦了，哪个对民政局更有利呢？当然，预算已定以后也可以用这个理由去想办法突破预算，但是毫无疑问难度要增大很多。

其次，天天为绩效奋战在市场一线的销售，通过某个项目发现客户那里是“敌方地盘、开局落后”以后就撤了，没有时间天天蹲守在一时半会儿还不能出绩效的“敌人的老巢”，怎么能察觉到客户的人或事的异动？

这个问题其实很容易解决，我们在客户那里有支持者吗？支持者对我们的作用仅仅是支持我们赢单吗？支持者会不会是我们最大的信息源？我们需要从支持者那里得到哪些信息？在什么时间节点得到？

民政局的项目一期规划就是X公司做的，输就输在没有搞定民政局长，那么除了局长之外民政局里面有X公司的支持者吗？X公司了解一期项目实施的关键里程碑吗？X公司踩准里程碑的节点定期和其支持者联系了吗？

钢厂是小魏三年的老客户，去年突然换新供应商之前没有人通知小魏有情况变化吗？小魏没有去了解为什么情况发生了这么大变化吗？竞争对手闯祸时，有人第一时间通知小魏吗？客户回头是因为“无奈”的比重占多大？

没有支持者，不能及时得到第一手信息。没有信息，或者信息不及时，销售的反应都不够准确和及时。

最后，当我们察觉到客户的人的异动或者竞争对手的事的变化后，我们的操作是什么？

按照开局定位的打单策略，民政局“敌方地盘、开局中立”的项目的销售策略是扩大问题，钢厂“敌方地盘、开局领先”的项目的销售策略是乘胜直击。我们照章操作了吗？

民政局项目中X公司如果按照扩大问题的打单策略，了解到Y公司搞砸了一期项目后，全力聚焦于挖掘一期项目搞砸的巨大影响：会不会在和省里的“智慧城市”项目对接数据时露馅儿？如果由X公司执行二期如何帮忙擦干净一期的屁股，最后将呈现什么样的成效？X公司有机会突破1 000万元的预算拿下该项目！

可惜，现实中X公司忙于展示自己有能力比Y公司更好地完成二期项目，带着客户四处参观自己的成功实施案例，最终赢是赢了，却是1 000万元预算980万元中标！胜利拿下了一个“啃骨头”项目。

钢厂项目中如果实施乘胜直击的打单策略会有一些问题，小魏不能忽视在去年之前这里是我方地盘，为什么去年客户会青睐竞争对手？不按照“我方地盘、开局落后”定位的解决问题的策略把过去的问题解决了，乘胜直击所带来的今年的重新回归可能只是今年的运气好而已，毕竟销售的目标是拿下一个地盘而不仅仅是一个项目！如何持久获得客户的生意？我们不仅要关注开局定位，还要关注定位的不断变化。

在敌人的老巢，监测时机比等待时机强。

让我们在敌人的老巢建立我们的盟友情报网，掌握策反敌人的客户的最佳时机。

故事 9 自己的大本营看住了吗

老客户个个都喜欢我吗

小徐是一家著名的医疗设备销售公司的老销售了，她和市人民医院的关系特别好，连续六年人民医院的各种医疗设备竞标都是小徐赢了。去年小徐就和院长规划好今年要给放射科上一台核磁共振仪，现在这个项目操作也有三个月，眼看就要招投标了，小徐被院长叫到办公室，院长拿出手机给小徐看了一条短信，短信是匿名的，内容明确表示医院连续六年采购的都是同一家公司的设备，今年这台核磁共振仪要是还采购小徐公司的，那就证明他们之间有猫腻，那就不要怪纪委来查他们了。院长表示：小徐啊，买个核磁共振仪来了 11 家厂商，乱糟糟的什么事都有，这次我看要再买你们家的可能真的会惹来麻烦啊！怎么办？

彼得这两年和某整车厂商合作得非常好，自从两年前彼得的竞争对手在该整车厂的生产线实施上闯了一次大祸，导致该整车厂一批人下岗后，该整车厂商这两年的采购基本都是指定彼得所在的公司来竞标。今年出了一些意外，该整车厂商来了个新的装备部部长，提出不要因为一次错误就一棍子打死一个大品牌，还是应该创造公平竞争的机会，于是今年的招投标彼得的竞争对手也积极地参与进来，整个装备部除了部长以外的人都和彼得面面相觑：看来老大和你竞争对手关系不错。怎么办？

某品牌斡旋某所的项目，该所所长 60 岁，明年就退休了，副所长 52 岁，该品牌销售早就打听到所长退休后将由副所长接任所长职位，而副所长和所长不太和睦是众所周知的，在过去的项目竞争中，所长一直力挺该品牌，副所长一直支持其竞争对手。如果副所长上任成为所长，可以预期以后的项目该品牌肯定没戏。怎么办？

读到这里，很多聪明的读者可能已经发现，第一个和第二个案例分别是“我方地盘、开局领先”和“我方地盘、开局中立”两种开局定位，第三个案例如果副所长上任成为所长，则项目立刻会变成“我方地盘、开局落后”的开局定位。

我方地盘，照理说应该是自己的大本营，出的项目应该是赢面最大也是最容易操作的项目，怎么读了这三个案例，看起来都很不容易啊？貌似老客户们也不是个个都喜欢我们啊？怎么回事？

首先，自己的大本营，我们都看住了吗？

整车厂商换了新的装备部长，为什么等他给竞争对手机会了我们才发现？

很多销售在完成一单项目之后，对自己的大本营也就是老客户缺乏应有的关注。

1. 对人的关注。客户关键岗位上的人已经任职多久，还有多长任期？其年龄多大？有没有风声说哪些岗位将有变动？可能是什么人会接任？

银行普遍规定分行行长任期三年，支行行长任期六年；医院院长和书记经常在不同的医院交流互调；大部分领导 60 岁就退休了。那么，你清楚地了解你所在的行业客户关键岗位的任期是多久吗？有轮换调岗制度吗？

曾经有一次销售访谈，销售兴奋地谈了一个小时如何拿下了一个汽车集团的项目，但是当笔者问到该集团的总经理多大年龄时，销售愣了半天：大概40多岁？哎！这单能赢有多大的运气成分在啊？

如果我们清楚地了解什么叫做人走茶凉、一朝天子一朝臣，我们怎么能不关注老客户关键岗位上的人员变动呢？我方地盘也不是铁打的江山，极有可能是流水的兵，因此提早关注、提早规划，才能在客户关键人变动的早期就开始重新建立关系，这样当新项目开始时，我们才不会那么被动。比如整车厂的装备部部长是不是如我们想象的那样早就是竞争对手的人了，还是我们的竞争对手比我们早一步去做工作了呢？

当然，也不乏一些情况，将要上来的领导，可能早就被我们的竞争对手搞定了，只要能提早洞察，也不是没有办法。

比如，某品牌斡旋某所的项目，该品牌销售和所长早就规划了今年完成一个大型项目的招投标，这个项目既能够帮助所长实现多年的梦想，帮助该所申请到国际顶级资质和威望，让所长可以含笑退休，也能帮助这个品牌拿走该所最大的采购份额，这次采购之后该所三五年之内都没有足够的资金实力启动其他大项目了。

2. 对项目实施过程的关注。如何管理项目实施，防止闯祸，闯了祸如何抚平？很多时候我们可能还没有闯什么大祸，只是在项目实施过程中不小心得罪了一些人，罔顾了一些人的感受，就可能造成我方地盘的不稳定，出现开局中立和开局落后的情况。如何避免这种情况的发生，笔者在本书第6章《蒙古大夫的故事》一文中有详述。

如果已经看住大本营，那些“我方地盘、开局领先”的项目应该怎么管理才不会出幺蛾子？

按照“我方地盘、开局领先”的打单策略“加速进程”，我们应该联手客户向竞争对手屏蔽项目消息，甚至放出一些虚假的消息，直到标书上网。真正的竞标过程应该控制在规定标书公示的三周之内速战速决，这样竞争对手才来不及找关系、打招呼，否则就会发生本文第一个案例里面小徐所面临的状况：原本应该“加速进程”三周操作完成的项目操作了三个月，该来的竞争对手都来了，该找的关系也都找到了，在院长面临竞争对手可能向纪委投诉的情况下，想要挽回局面要多付出很多代价。这个案例里的小徐，算一位非常厉害的销售，她带领该院领导去某著名三甲医院参观，这家著名的三甲医院基本配备的也是小徐公司的设备，同时小徐牵线将两家医院的脑外科结成了业务互助联谊科室，给了人民医院院长充分的理由和证据：即使买的都是某品牌的设备，也是为了医院的业务发展，在这种时候不敢选小徐公司的设备，才证明自己心虚，反而会让人误会医院过去 6 年的采购都是有问题的，因此，院长回去以后还是拍板把项目给了小徐。

“我方地盘、开局领先”的项目，正常来说是销售成本最低的项目，只要我们掌握了正确的销售策略，并不需要这么高超的销售技巧。

看住我们的大本营——我方地盘，密切关注大本营的人与事的变化，选准销售策略，会让我们的销售工作事半功倍。

故事 10 有错就改还是好同志

如何挽回老客户的心

去年小文卖了一台小设备给某三甲医院，当时该医院新的大楼还没建好，因为多年来和院长关系好，院长也就提前采购了。没想到该设备放在仓库大半年没保管好，今年医院新大楼落成使用该设备时，发现部分零件生锈了没法用，必须维修。小文所在的E公司维修部狮子大开口叫了个天价，让院长非常下不来台，差点没在医院贴块牌子“小文与狗不得入内”。今年小文看着该医院筹备买高端核磁共振仪，两家竞争对手纷纷请院领导四处考察，但是自己连谈项目的机会都没有，怎么办?

某著名咨询公司的销售周末打电话给笔者，她有个大客户，新换了部门领导，她和原来的领导非常要好，而新领导恰恰是旧领导的对头，原本每年这个客户会固定购买这家公司八个模块的服务，今年眼看就悬了，怎么办?

比“我方地盘、开局中立”更大的难题来了，这两个案例的开局定位都是典型的“我方地盘、开局落后”，打单的策略是解决问题，也就是研究到底是什么问题让我们的老客户对我们那么不耐烦，不希望再和我们合作? 一般而言，我们能找到的问题大概分两种：

1. 有些项目的问题是事。我们在过去实施项目时闯了祸，让客户在内部非常难做，不得不弃我们而去，如小文的项目。

2. 有些项目的问题是人。这是比遇到事的问题更糟糕的情况，一般客户公司换主管并不会对老供应商直接变到讨厌的地步，除非新来的主管和原主管是政治死敌，如咨询公司那个项目，或者新来的主管早就有自己的嫡系供应商。

不管是人的问题，还是事的问题，一个共同的办法就是拖缓项目招标进程。

一旦察觉我方地盘有新项目机会，而客户对我们的态度是避而不谈，我们就需要积极想办法拖延客户做决定的时间，为自己赢得找到问题、解决问题的机会和时间。这时还傻乎乎地去了解需求，推荐自己的解决方案是徒劳的，在没有解决问题之前，客户从内心深处是不敢或者不愿我们参与新项目的。

如果仅仅是在单纯的事上闯了祸，我们需要做的就不仅是找到问题本身（即闯的是什么祸，比如小文项目中的问题是，某设备提早卖了大半年，仓库没保管好导致生锈没法用，小文公司的维修部还狮子大张口要天价维修费），更要找到这个问题所带来的影响，即这个问题给客户的关键决策人带来了什么影响。设想一下，如果你是这家三甲医院的院长，因为多年的老关系，在医院新大楼没有建好之前就提早购买了一台设备，已经会招来一些非议了，结果还不能用，如果要维修还是个天价，医院内部人在院长面前不敢说，背后肯定议论纷纷，有些政治敌手肯定蠢蠢欲动，打算抓住这件事情大做文章，如果再和小文合作，太危险了！这件事情的影响就是：降低了院长的威望，威胁到院长的职位安全，因此院长才恨不得贴块牌子和小文划清界限。

那么如何解决事的问题呢？同样，我们不仅要解决问题本身——修好设备，更重要的是解决这个问题带来的恶劣影响：重塑院长的威望，确保院长的职位安全。如果仅仅是修好设备，我们只不过是做了我们应该做的，最多只能算闯祸后擦干净了屁股，并不能够帮助院长重塑威望，那么院长还是不敢发话帮我们。

于是小文从曾经卖给该三甲医院的另外一台机器出了不少科研成果的事实下手，提出与医院联办某科研成果的学术会。小文所在的公司投入了大量的人力和物力组织这次会议，邀请到国内和省各大医院的 100 多位专家，对于这么盛大的会议医院非常支持，暂停了高端核磁共振仪新购的项目，先全力组织召开学术会议。会议结束后，医院领导普遍认可小文的公司，认为在小文的协助下这是医院有史以来最成功的会议之一，帮助医院在学术圈树立了一定的地位，使全院对小文公司有了新的认识，体会到小文公司强大的科研推广能力和作为其 VIP 客户的优越感。

这个学术会议之后，小文代表公司顺理成章地介入了高端核磁共振仪新购项目，很快在院长的支持下顺利拿下该项目。

我们需要记住“我方地盘、开局落后”定位下解决事的问题的策略可不仅仅是擦屁股解决事，还要帮助曾经因力顶我们而受到伤害的客户消除影响，重塑威望。毕竟他也不想证明过去选择你是错的，只要我们有擦屁股和帮助消除影响、重塑威望的诚意，他一定会协助你拖缓招标过程，给你时间和机会挽回的，有错就改还是好同志嘛。

最难办的是人的问题，决策人换了，而且换的是原来关系很好的老主管的政治对手，这听起来毫无机会啊。对于这种情况，笔者一般都建议撤了，如果真的不能撤，那就要拼资源了：

1. 决策人也有老板，我们能找到更高层吗？我们的方案能对更高层有价值吗？能不能把这个项目拉到更高层面去做决策？降低现有决策人的决策权力比重？

2. 我们的解决方案有独特价值，不可替代吗？对于具有独特价值、不可替代的解决方案客户一时半会儿可不敢换掉你！该著名咨询公司的八大服务模块中有三块是独特而不可替代的，在之后的新项目采购中这三块服务都保留下来了，其他五块则花落别家。

其实，不论是想办法消除影响、重塑威望来解决事的问题，还是拼资源找高层、拼独特的解决方案来解决人的问题，都不是容易操作的，我们真正应该研究的还是在《自己的大本营看住了吗》里面讨论的如何关注人和关注项目实施过程，尽量做到不闯祸、少闯祸，换人提早有预警。虽然说有错就改还是好同志，但是人心毕竟不是那么容易挽回的。

故事 11 你的作战布局合理吗

先打哪，后打哪，怎么打，守住哪，怎么守

杨总刚刚接任一家咨询公司上海分公司的总经理，主要负责华东地区的业务，他发现这家分公司过去多年来主要服务十余家大客户，走的是 VIP 会所式的经营方式，客户管理良好，但是业绩提升空间非常有限，自己扛着今年至少提升 30%的销售业绩的任务，从何下手？

老胡是某大型保险公司年金业务板块的骨干，今年已经出马帮某分公司讲标三次了，每次分公司都表示这个标必须要有总部专家支持才有希望，每次讲完都没了下文，这不又第四次来要求支持了。老胡实在不想去，每次都去陪标还每次都要动用总部力量，这不纯属浪费精力嘛！分公司到底是什么状况？

理查德是某知名饮料企业特殊渠道总监，特殊渠道是该企业新组建的渠道，主要负责直供大客户，为大客户的餐饮体系直供饮料，以前的销售队伍都是零售体系的，习惯了管理经销商，给经销商供货，去终端理货，现在要转型做直销，而且去拜访的绝大部分大客户都已经有了自己的供应体系，这个生意转型对销售队伍的挑战真的不是一般大啊！理查德很头疼，应该怎么办呢？

我们都知道，每家企业的销售队伍都是那么点钱、那么点人，但是要求覆盖辽阔的区域，扛着非常重的销售额。我们不大可能大手一挥对销售队伍说：上吧，去市场上找机会吧！即不大可能走盲目撒网捞鱼的路线。也不大可能拣到篮里都是菜，所有的销售机会都让销售队伍去拼。那么怎么办呢？应该如何分配销售队伍的资源，先打哪？后打哪？怎么打呢？

每家企业区域的状况大不相同，销售总监要想实现对自己区域的控制，最优化分配销售费用和战队的资源，要首先审视自己的老客户盘口有多大？有没有扩张的可能？再去指挥战队进攻新客户。

比如，杨总所管理的华东区域，属于典型的我方地盘管理得好，但是提升空间不大，因此销量提升30%的可能性主要在开拓其他地盘上，那么是先打中立地盘还是先打敌方地盘呢？当然是先进攻中立地盘：

1. 加大市场宣传力度，在中立地盘造势，吸引新客户。

2. 部署销售主要进攻中立地盘，向敌方地盘埋钉子：找到敌方地盘对竞争对手不满的我方支持者，等待时机的到来。

总是要求老胡去支持的那家保险公司的分公司情况就不一样了，这家分公司领导也是新上任，在市场上的邀标浪潮中失去了方向，总是去敌方地盘陪标，连续三张标都是开标前两个星期才知道，但是年金项目大啊，真的一张都舍不得失去，于是分公司每次都投入巨大的资源和精力去支持，但每次都无功而返！如果我们总是把资金和销售部署在“敌方地盘、开局落后”的项目上，输还是小问题，最大的问题是：

1. 火力最强的销售都在敌方地盘，而谁在进攻中立地盘？赢单率会不会低于平均水平？

2. 领导视野都聚焦在敌方地盘，而我方地盘守住了吗？怎么守？扩大我方地盘的机会谁在进攻？能达到90%的赢单率吗？

对于很多公司来说，我方地盘是个巨大的宝藏：

首先，很多项目当初赢的时候有运气成分，赢了之后要把握机会好好经营，不但要确保项目成功，而且要营造客户在项目中的美好感受，进一步夯实客户关系，培养自己的铁杆内线，否则再有新项目时，也不一定都是我们的，很可能落到“我方地盘、开局中立”的情况，这样的项目和中立地盘的项目一样，都达不到“我方地盘、开局领先”这种几乎稳操胜券的赢单率。

其次，很多项目可能只是客户规划蓝图中的一部分，我们只是赢了第一部分，后续还有很多挖深做大的可能性，而不管理好我方地盘，这个巨大的宝藏我们只能分一杯羹。

既然老客户就能够带来销量的提升，而且把其管理在“我方地盘，开局领先”的局面中，几乎就是属于我们控制在赢单区的项目，为什么不首先抓住这种容易赢的项目，而要去 PK 敌方地盘那种很难赢的项目呢？

就理查德而言，日子就没那么好过了，由于该饮料企业的特殊渠道也就是直销部队组织得相对较晚，目前看起来大部分地盘都是敌方地盘。这样的战役怎么打？

1. 资源。客户从特殊渠道得到的产品和服务与常规渠道的有什么不同？特别打动客户的利益点是什么？是批量采购的价格优惠，还是批量采购的服务定制？

2. 人。能够进攻敌方地盘的战斗部队，不论从意志上还是能力上都异于普通战斗部队的要求，我们如何选拔想要的人？比如调最强悍的战斗部队来这个领域？还是短期内直接挖竞争对手的熟手去冲击市场？这些都需要理查德根据自己在老板那里的话语权和手里拥有的权限来决定。

3. 时间。这是最宝贵的资源，也是最难要到的。一般对于组建一个队伍，老板在业绩上都有很大的期许，能否给自己的队伍争取更多的时间？大部分“敌方地盘、开局落后”的项目很难赢，需要等待时机策反，老板愿意给我们时间吗？

开局定位九宫格不仅可以用来制定每一个项目的打单策略，而且可以帮助销售管理人员审视自己的区域战斗布局。思考下面的问题：

1. 敌方地盘要进攻吗？值得“血战台儿庄”吗？

2. 如何关注敌方地盘，能在人、事动荡时迅速响应吗？

3. 如何部署优先抢夺中立地盘？

4. 我方地盘为什么不都是开局领先？我们应该管理什么？如何管理？

5. 为什么销售人员总是被业绩追着跑？如何管理好我方地盘，让销售人员从短单走到中单乃至长单？

3

大战在即，侦骑四出

关键词

信息战

接纳型、不满型和权力型

核心方法论

三类可能成为支持者的角色

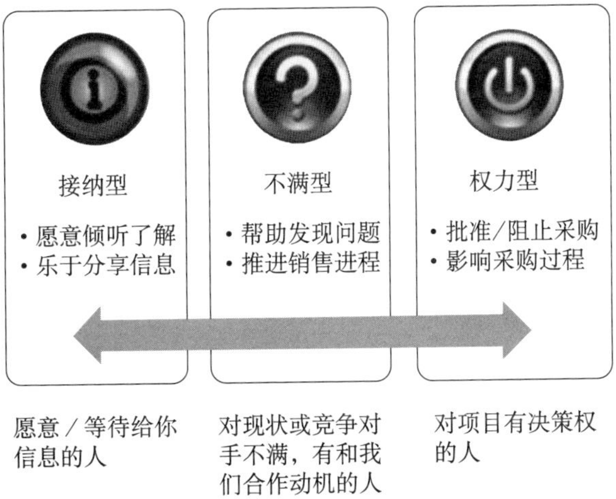

章节要点

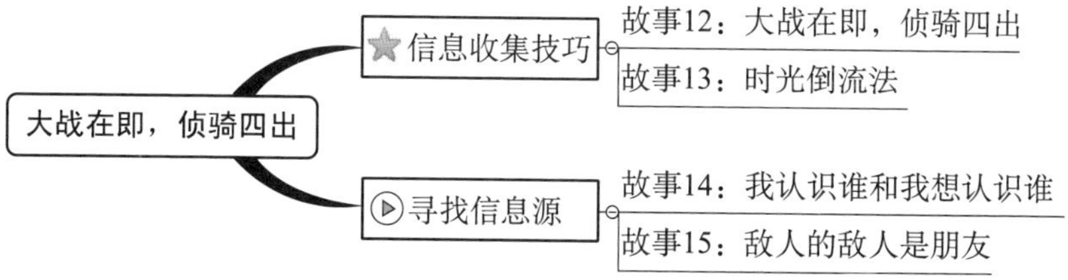

故事 12 大战在即，侦骑四出

摸什么信息？怎么摸？

苏菲一早进公司，就接了一个电话，有新客户找上门来要求考察苏菲公司的机器人，拟采购 20 台，这个项目可不小，今天运气太好了！可是这种好项目，客户不可能只考察我们一家，怎么安排才最符合客户需求，彰显我们的优势呢？

小中没这么幸运，他被老板安排接手突然申请离职的同事托尼的老客户，虽然系统里有老客户过去采购的记录和未来销售机会的预测，可是小中对这些老客户除了基本联系信息和销售机会信息以外的情况一无所知。有些客户的联系人多达七八个，应该先找谁再找谁啊？找上门去说什么啊？不能显得自己一无所知，那太不专业了！

李峰看中了一家央企客户，一直在寻找机会进攻，最近行业里有个大型展会，李峰特别申请去看展台，因为听行业里的朋友说该客户的装备部部长会带队去考察新技术、新产品，这真是一次认识客户的好机会！展会上，客户观摩我们展台的时间肯定非常有限，那么短的时间如何一击即中引起部长对我们的兴趣呢?

“大战在即，侦骑四出”常用来形容在打仗之前需要派侦察兵摸清敌军动态和情势，以便主帅做出正确的决定。现在，苏菲、小中和李峰面临的问题就是摸清哪些信息，这些信息要能够帮助他们一击即中，获得领先优势。

首先，让我们谈谈在见客户之前需要摸清哪些信息比较容易获得客户的好感，更重要的是不触碰不应该触碰的问题。其实，在项目销售的早期，我们与其要求或者培养销售必须做对事、做好事，不如先培养他们不做错事。做错了事再擦屁股可没那么容易。为了避免做错事，我们需要摸清哪些信息呢?

既然摸清信息的第一目标是不犯错，那就让我们来看看新销售见客户经常会犯哪些错?

1. 为了和客户套近乎，或者显示自己在客户的企业中有关系，嘴里经常提我是谁谁谁介绍来的，我和某部长很熟之类的话题。老销售们都知道，这可得小心了，虽然都是服务一家企业，客户之间可不都是和睦友善的关系，在不确定面前的客户和谁谁谁或者某部长之间的关系之前，尽量有事说事，别瞎提那点关系，万一遇到的正好是谁谁谁或者某部长的政治对手，或者双方有些过节，不提还好，提了就彻底没戏了。

2. 兴奋地推荐自己的解决方案，优点列出一长串，可话音还没落，客户就说：第二条、第三条我不需要，就第一条和第四条你们的报价是多少？那时候你怎么报价？

因此，在关键战斗开始之前我们要摸清的第一类信息就是人。如果你能充分关注客户参与采购的人的年龄、什么时候到岗、谁提拔到岗的，过往和什么部门或者什么人有过冲突，性格、爱好、倾向等，基本就不会说一些不该说的话，提不该提的人了。

第二类信息才是需求，而且在客户提的表面需求之外，研究为什么会有这个需求？为什么会在这个时间提出这样的需求？谁提出的？希望解决什么样的问题？如果不解决有什么影响？有没有人对这个需求有意见？透彻了解客户表面需求的内外因，我们推荐的解决方案才不会走错方向。

其次，我们有哪些途径和方法可以去摸清这些客户信息呢？在第一次见面之前能摸得清吗？不能怎么办？

有销售说：我会在拜访客户时设定一些问题，了解对方的信息。

也有销售说：我去之前会上网查查这个客户的基本情况，看看他们的网站新闻。

我们会发现，有经验的销售都知道，全靠在销售会见中提问，特别是在第一次拜访中，在我们还没有获得对方信任的情况下，抓取到对我们有用的客户信息并不容易。因此，最好在拜访前我们已经有所准备。可是人还没见呢，怎么准备？信息从哪里来？

在这里，我们向销售推荐几种渠道：

1. 老客户新接手。你需要好好和上一位管理该客户的销售聊聊，用时光倒流法，谈谈过去做了哪些项目以及怎么做的、做得怎么样？摸准那里的人际关系和业务偏好，这样第一次交接拜访时容易找到共同话题。

2. 陌生客户第一次拜访。约陌生客户见面之前，你们一定有过一些电话或者网聊沟通，记住在这些沟通里不要光顾着老王卖瓜自卖自夸，还要有意识地了解一些客户信息，帮助你准备好第一次会面。

3. 客户项目组中有多人可联系。在会见之前，和办事人员沟通时，切准其喜好和需求，搞好关系，把职位最低的协调办事人员发展成自己的内线，非常有助于在会面前拿到准确的项目主控人的需求和喜好信息。

4. 圈子渠道。不论是初入行，还是行业老手，都需要有意识地在行业里建立自己的人脉圈子，公关重要的客户之前，从自己的圈子里打听一下该客户的信息，看看有没有人可以提供有帮助的信息。

5. 网络渠道。对于很多客户以及客户的重要岗位人员，我们通过网络搜索会发现很多关于他们的新闻和言论信息，这有助于我们对他们的基本情况有一些了解，会比上客户网站得来的信息更加具体和实际。

你与客户会面前，还有哪些获取信息的渠道和方式呢？让我们在大战之前，先准备好我们的侦察兵，多方获取准确的信息。

故事 13 时光倒流法

安全触碰客户内部敏感的人际关系地图

苏菲和客户公司的项目科员小李打了几个电话后就混得很熟了，还互加了微信，发现双方都是跑步爱好者，准备约周末一起去参加一个 10 公里热身业余赛。苏菲从小李那里把业务上的需求信息早就摸清楚了，就差小李上面几个领导的个人信息和关系情况了，但总感觉不那么好直接开口问，毕竟有些信息太敏感。

小中和托尼交接的过程中，托尼把客户的信息交代得很清楚，但是小中总感觉还缺了什么，比如最近正在进行的一个项目，为什么都考察完一个月了还没有进一步的消息？感觉不像托尼说的那么乐观啊！

李峰的朋友为人很热心，和李峰约了周末到星巴克喝咖啡，说你尽管问，关于这家央企你想知道的我都可以告诉你。李峰心里却有些纠结：这千头万绪的，从何问起啊？问将来的项目，现在还没立项呢，朋友肯定也不会知道将来项目组具体的组成、预算和人物关系，那问什么呢？

销售在进攻一个项目的初期，很容易遇到以下几个困难：

1. 客户信息的表面化。由于刚刚进入，人脉还没有建立，销售能够打探的很多信息都局限在项目的表面信息上，比如我们有什么需求啊，希望你们能做到怎么样啊，领导大概关心什么啊等。

2. 客户需求的变动化。很多初级销售在接到客户的初期需求之后，就非常卖力地按照客户要求回公司做各种准备，如方案、演示、参观，尽量动用公司的各种资源来证明我们是能够满足客户需求的最佳供应商。经常在一轮又一轮热火朝天的准备演示之后，客户的需求突然改变了，或者突然有更有力的新领导的新指示，让销售措手不及，之前的工作都白做了。

3. 人际关系政治地雷。销售常常从表面的职位高低和负责范畴入手来与客户建立关系，而销售并不清楚客户的不同部门甚至同一部门之间的领导乃至同事之间的关系，常常发生和某客户走得太近而遭到别的领导或部门的莫名排挤，销售还搞不清楚发生了什么。

怎么办呢？如何才能掌握真正的客户需求和人际关系的动向，不踩政治地雷呢？我们在此推荐进入客户阶段和客户谈话的时光倒流法。

首先，什么是时光倒流法？

时光倒流法就是在项目早期，即进入客户阶段，从初步建立客户关系和内线到能够约出来吃饭喝茶见第一次面的时候，通过闲聊客户去年或者之前进行的大项目的情况，来了解客户内部需求决策链和人际关系。比如，苏菲可以和小李聊聊上个机器人采购项目具体是怎么立项、怎么采购的，采购的过程中领导支持谁，不支持谁，为什么，等等。

这样，在聊过去项目的过程中，销售可以有意识地引导谈谈领导们不同的决策倾向和支持的供应商，谈谈那个项目前后的变化，由此，对客户内部关系有充分敏感性的销售，可以很好地透视客户内部错综复杂的利益关系。

其次，为什么要使用时光倒流法？

在现行项目中，销售第一层面接触的处于执行层的客户可能也不知道真正的需求是什么，即公司或者高层到底为什么要做这个项目，他们可能也不理解公司或者高层的要求是什么。关于他们内部的人际关系，更是敏感的话题，一般很忌讳提及，因此从现行项目切入来谈，销售很难了解实况，而谈过去的项目，客户会放松很多，通过闲聊销售更有可能了解到客户内部需求决策链条和内部人际关系。

有很多客户内部错综复杂的决策链条和人际关系，通过对过去项目过程的描述梳理，对销售来说会更立体和直观。比如李峰的项目，虽然行业内的朋友也许并不忌讳谈那个央企内部的复杂人际关系和政治关系，但是对于客户内部需求决策链条，如果不能通过一个过往的项目加以描述，还没有接触过这家客户的李峰难以感同身受。

最后，如何使用时光倒流法？

在使用时光倒流法之前，销售需要明白什么是客户的真正需求，客户提的要求并不是需求，如果能找到客户提这个要求的原因，那才是真正的需求。这一点执行层面的很多客户可能和我们的初级销售一样没想透，因此通过对过去项目的要求和需求之间关系的讨论，我们可以很好地暗示客户，为了不发生过去项目的那种情况（花了很大的人力、物力考察，最后被领导否决，或者花了几周的时间准备好方案计划，领导临时又改了需求，不得不返工再来），我们现在不如好好地进一步摸清领导意图，再提要求，我们按要求操作也许才能帮助他达到领导真正想达到的目的，这样大家都能够在领导那里获得赏识和更好的口碑，工作上也少走很多弯路，事半功倍。

比如小中接手托尼的项目，就需要去和该项目参与参观考察的客户部门好好聊聊，领导们当时为什么提出要参观考察？考察结束以后想法有什么变化？哪些因素影响了想法的变化？这样做才能找到根本原因来推动项目前进。

时光倒流法能够帮助销售在侦察阶段相对容易和安全地得到更全面的信息，更能帮助销售在项目早期踩对政治和需求的路线，同时恰当控制资源的使用，避免在第1章的《那些年，对我吼过的战友》一文中探讨的由于销售早期过度使用资源而造成资源部门对其不满的现象。

故事14 我认识谁和我想认识谁

三种接纳型角色

苏菲和客户公司的项目科员小李周末一起跑了一次10公里，了解到小李所在的公司过去的生产线并没有采用过机器人，对于这次新的生产线，领导们打算融合进机器人自动化，看看到底对于生产效率的提升和长期成本的降低有多大帮助。至于是哪位领导最先提及实现机器人自动化的，是什么激发了领导的这个想法，小李就不太清楚了。

小中通过和托尼聊天，发现在过去的项目里这个客户的使用部门和采购部门就经常意见不合，有的时候采购部门占上风，有的时候使用部门占上风，最近这个新项目，客户参观后不知道内部又发生了什么，干脆连声音都没有了。

李峰通过行业内的朋友了解到这次将去参加展会的装备部部长在客户内部是个实权人物，是一把手的嫡系，项目一般他就能做主，但是具体他对项目到底有什么需求和倾向，就不了解了。

我们发现，在项目中总有一些客户或者客户外的渠道容易接触，愿意给我们信息，我们称之为接纳型角色，然而当我们去积极接触他们时会发现，仅仅接触一个接纳型角色得到的信息还不够，特别是当这个接纳型角色仅仅是客户外的一些渠道时。

我们需要寻找更深入的项目信息，因此除了我们认识的那些接纳型角色之外，我们还要积极寻找一些我们想认识的客户内部的接纳型角色，那么客户内部还有哪些人属于愿意和我们接触、我们也容易获得信息的接纳型角色呢？

一般而言，在客户内部有三种人很容易成为我们寻找的接纳型角色，他们分别是：

1. 项目中的执行层，特别是那些负责和供应商接触以了解基本供应商信息的人，比如苏菲在项目中遇到的小李，这种接纳型角色也是销售最容易想到和接触到的。

2. 曾经上过高位，如今被边缘化的高层。这样的高层曾经握有实权，被边缘化后变得“门前冷落车马稀”，这时候如果还有供应商非常尊重他，往往很容易打开心扉，得到的信息质量要比项目中的执行层高得多。

3. 任何企业中都有一个“八卦信息集散地”，秘书、前台、车队司机、保安等。曾经有家银行做过一个网点销售竞猜竞赛，各网点参加销售竞赛冲业绩，所有非一线战斗部门参与网点销售竞猜竞赛，以此激发和网点配合的部门走到前线深入了解前线的运作。结果竞赛结果揭晓的那一刻，惊呆了所有人，竞猜竞赛的冠军队是车队！车队司机们每天给各支行行长和领导们开车，随时掌握前线的第一手信息，每天还把信息汇总在车队休息室白板上排名，最终赢了大奖。也许，掌握第一手消息的就是你的客户的车队司机们哦，正如最掌握老板行程和动态的除了他的秘书外还有保安一样。

都说不在乎我们认识谁，在乎我们想认识谁，那么搞清楚接纳型角色有哪三种类型之后，我们就需要了解他们为什么愿意给我们信息？我们如何接触他们以拿到信息？

项目中的执行层愿意给我们信息，可能是因为我们讨人喜欢会说话，也可能因为我们会来事懂做人，也就是说越能够让执行层喜欢的销售越容易得到信息，而让执行层喜欢很容易：学会赞扬客户，学会理解客户的一些小需求，一点无伤大雅的小恩小惠可能会让他随时向你通报最新信息。

被边缘化的高层需要的是尊重、理解和共鸣。如果你给予他充分的尊重，贴心的共鸣，对他的际遇愤愤不平，很可能就能够打开他的心扉，告诉你很多别人不知道的信息。曾经有位销售和某高层吃了两个小时的饭，主动表达对导致该高层被边缘化的政治敌手的不满，谈及对该政治对手的很多举措的不满，为该高层打抱不平，之后该高层在每次列席党委会后都会通知这位销售最新的消息以及不同人的态度和作用，成为该销售隐藏在客户内部非常厉害的一位指导者。

“八卦信息集散地”集中的都是八卦信息的爱好者，销售只要愿意和他们做八卦信息的交换，就可以换来很多新的信息。见完客户回公司的路上，打一个电话给这样的接纳型角色，提起自己刚刚听到的一个新闻，对方会很兴奋地立刻把这个新闻的来龙去脉甚至引发了什么新闻都告诉你。

找到接纳型角色有助于我们拿到很多信息，那么接触接纳型角色有没有一些需要注意的地方呢?

首先，销售不能只停留在接触接纳型角色上，很多销售会犯“从易”的毛病，就是做容易的事情。由于接纳型角色容易接触、容易搞定，于是就与接纳型角色沟通很多，但项目进入中期和后期，这些接纳型角色由于职位和权力的关系，根本无权做主，因此只和接纳型角色关系好，对搞定项目没有更大的帮助。接纳型角色的作用就是：给予信息和告诉我们谁是有力的不满者。我们要从接纳型角色走到下一步的不满型角色，即找到对现状和竞争对手不满的角色——我们更有力的盟友，推动项目前进。

其次，接纳型角色的信息不一定准确，需要互相验证。接纳型角色由于职位层级不高或者被边缘化了，得到的信息不一定完全精确，因此我们需要找多个接纳型角色多方验证，不要盲目地收到消息就立刻相信。

最后，不能告诉接纳型角色我方的核心机密信息，很多接纳型角色广泛接纳很多竞争对手，甚至完全就是个“八卦信息集散地”，任何信息到了接纳型角色手里都很难有保密性，因此千万不要向接纳型角色泄露诸如我们会报什么价，我们会用什么特别的解决方案，谁和谁是完全支持我们的等这些机密信息，告诉他几乎等于告诉了我们的竞争对手。和接纳型角色的信息交换请使用相对公开的信息和客户内部的一些私密信息即可。

认识接纳型角色，找到和搞定更多接纳型角色，通过接纳型角色获得充分的信息和弄清谁是不满型角色，是“大战在即，侦骑四出”的信息战中重要的任务之一。不在乎我们认识谁，而在乎我们想认识谁。

故事 15 敌人的敌人是朋友

客户内部有些人在苦苦等待我们的到来！

当销售人员在进攻一个新客户或一个新项目时，很多的销售理论给出的进入路径都是需要依次寻找三类人：信息门卫、影响者和决策者。然而，现实中经常遇到如下难题：如何才能接近这三类人？信息门卫给的信息一定准确吗？影响者凭什么会帮助销售人员来影响内部？决策者又凭什么愿意见销售人员呢？

以《SPIN销售》（*SPIN Selling*）闻名于世的销售大师尼尔·雷克汉姆（Neil Rackham）还有一部关于大客户的著作《大客户销售战略》（*Major Account Selling Strategy*），书中创新地提出了寻找客户内部的“接纳者、不满者和权力者”三种角色，要求销售人员寻找并发展这三者成为其在客户内部的内线。其中，尼尔·雷克汉姆着重强调了一点，即客户内部的不满者是销售人员的天然盟友。这类不满者长期以来苦苦等待着新供应商的出现，找准时机并加以支持，从而实现自己的价值。

大家可能会奇怪，不满者到底是谁呢？在企业内部有一些人，对企业的现状不满而希望有所改变，他们要么是对目前的供应商不满而希望引入新的竞争者，要么是对经常由同一批人决定企业采购不满等，这类人就叫做不满者。换句话说，不满者往往对现有的供应商，即销售人员的竞争对手不满。常言道，朋友的敌人是敌人，敌人的敌人是朋友。因此，不满者是销售人员在客户内部天然的盟友，只是大家知道有这样的人正等着我们的到来吗？或者如何去寻找和靠近他们？

讲到这里，销售们该明白了，为什么有些项目一进去就会有某客户对我们特别热情，不断地穿针引线、频频指路了吧？这类人多半就是那些正苦苦等待着我们到来的不满者啊。当然，在央企和政府机构中，不满者不会那么显而易见，他们多半小心谨慎地潜伏在暗流涌动中，关键时刻才出手推一把，这就要考验销售人员是否懂得识别了。参悟玄机却不道破的销售，才会得到不满者的赏识与信赖，才能在项目的前进过程中离目标越走越近，直至走向成功。

在这些不满者角色中，有一类是“单纯不满者”。比如，某医院放射科主任，省内著名专家，对于过去因打招呼而采购来的 CT 设备在使用中反复出问题，非常不满，以致硬顶着不采购核磁共振设备七年，直到院长换届之后才重启该项目。虽然他在项目中不是最终的权力者，无权决定新核磁共振设备究竟花落谁家，但也绝不想和旧供应商再合作。这位主任就是典型的“单纯不满者”，如果他能得到有足够实力的新供应商的信息，会千方百计地把新供应商推荐给权力者，或者干脆直接带新供应商去见权力者，以达成更换供应商的目的。只不过，到时候是让新供应商自己去见老板还是由他领着见，就要看他对新供应商的信任程度，以及自己在权力者面前的地位了。

另外一类不满者要复杂得多，在他身上会同时出现两三种角色。比如，某集成厂商多年来只与某品牌厂商进行单一合作，董事长颇有微词，不久之后该集成厂商要上一条新生产线，董事长认为这是一个可以把鸡蛋分到不同篮子里的机会，借此看看其他品牌的产品。于是，总经理、销售总监等人在洽谈过程中都心领神会地对另一家供应商大开绿灯。原供应商虽然深得采购的支持，却还是表现不力，输了这一仗。在这个案例中，董事长作为不满者，对企业核心业务领域只用一家供应商颇有疑虑，同时作为权力者，他当然可以将这一疑虑下达给有关部门负责人，并产生极大的影响力，这就是不满者、权力者两种角色身份合二为一的现象。销售打单，最幸福的事莫过于遇到这种情况，能做决策的权力者同时还是不满者，那么该项目的赢率会大大提高！当然，也要看这位销售懂不懂什么叫作不满者和不满者起的作用了。

除此以外，通常在一些小项目里，如果部门领导就能拍板做主，还可能发生角色身份合三为一的现象。比如，某部门经理从一开始愿意接待销售人员，成为销售人员有可能切入项目的接纳者角色，渐渐地在聊天中透露出不满意现况，希望引入新竞争者的重要信息，此时他有可能就是隐藏的或显露的不满者角色。最后，销售人员惊喜地发现这位部门经理本人就可以对这个项目的立项甚至采购做主。面对这种一人有三种角色身份的复杂情况，考验的是销售人员明不明白客户在不同角色状态下的不同需求，以及如何引发他进入下一个角色的能力。

销售人员在打单过程中，一方面，应当积极培养思考与界定客户角色身份的意识，这种意识一定要从基于客户自身诉求的角度出发，而非图自己打单便利；另一方面，就培养客户内线而言，应当清楚地知道没有哪位客户天生就愿意为外部供应商做企业内部影响者，这一定是因为客户对内部有着这样或那样的不满，才会和我们形成“敌人的敌人是朋友”的同盟关系，正是销售人员聪明地发现了不满者，才使得客户愿意帮助和支持我们。

4

搞定人，处处玄机

关键词

五维分析

圈子地图

核心方法论

五维模型

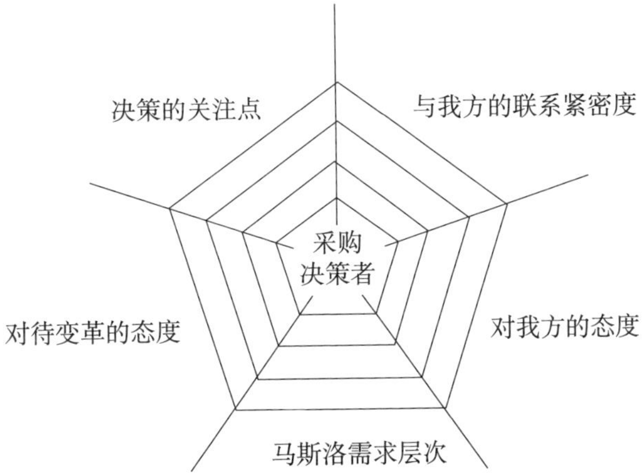

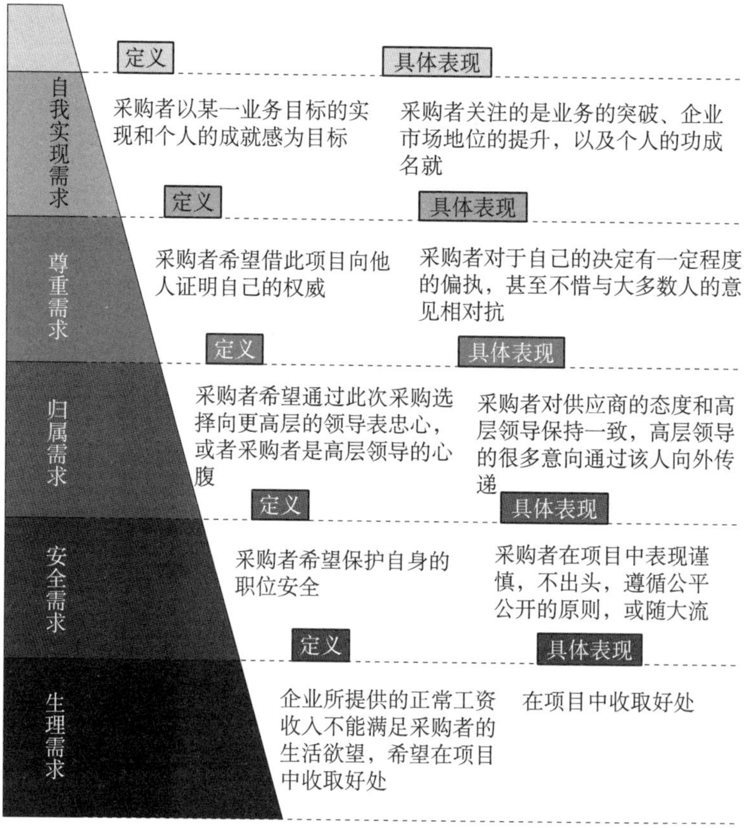

对待变革的态度

	革新主义者	高瞻远瞩者	实用主义者	保守主义者	落后者
他们想要的	技术领先水平	革新得到公认	解决问题的进展	不要落后	保持现状
他们想买的	创新尝试	客户化解决方案	全面解决方案	低价格、没有风险的行业标准	现有服务的改进
你的价值定位	产品优越性	未来竞争优势	相关成功案例	保证投资回报	保护投资

决策的关注点

在采购决策过程中，无论是决策者还是影响者，都会有自己不同的关注点。下面是比较典型的四类关注点。

业务

- 业务目标和问题解决
- 营运效率提升
- 成本降低
- 企业总体拥有成本
- 企业转换成本

技术

- 性能、领先程度
- 行业成功案例
- 技术同行的权威意见
- 技术验证、演示系统
- 产品技术人员的专业化程度

财务

- 预算、价格、折扣
- 比较成本
- 性价比
- 付款条件

关系

- 上级领导、专家、下属的意见
- 合作关系（个人/企业间/长远）
- 销售人员的亲和程度

对我方的态度

在大订单销售中，集体参与采购决策的情况很常见，在与客户接触过程中，我们也会遇到各种可能影响决策的人，他们对我们会持有不同的态度，一般来说有五种情况。

指导者

是我方的支持者，会为我方提供反馈、指导，以及内部关系、竞争对手等信息，是我方可以依赖的人。

支持者

希望我方赢得项目，但是在压力下，也可能退缩。

中立者

不表示出任何偏好，可能确实无倾向性，也可能因为摆不平各方关系，不想得罪人。

非支持者

倾向于竞争对手，会做出有利于竞争对手的举动，但是在压力下，也可能保持中立。

反对者

非常不希望我方赢得项目，对我方封锁信息，同时将我方的产品和方案透露给竞争对手，往往是竞争对手的指导者。

与我方的联系紧密度

根据联系紧密的程度，一般可以判定与采购者关系的深入程度。采购者与我方的联系紧密度可以简单地归类为：

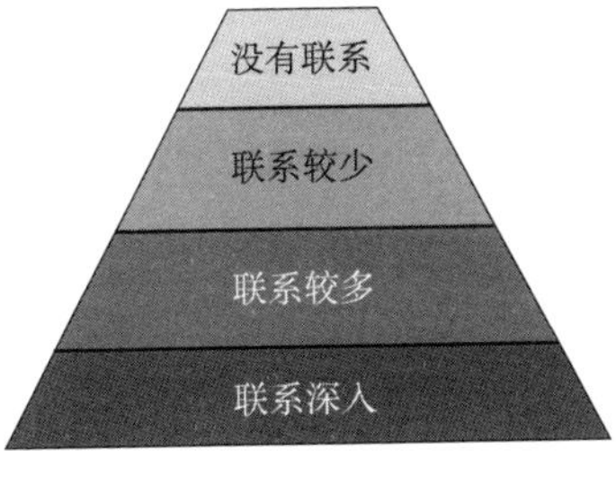

章节要点

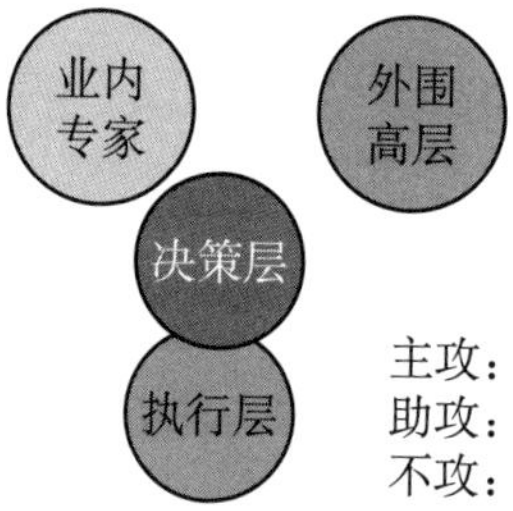

主攻：决策层
助攻：执行层
不攻：外围高层

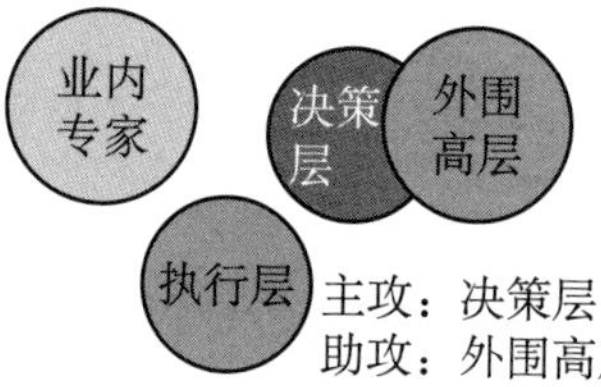

主攻：决策层
助攻：外围高层
不攻：执行层
特例：主攻执行层——
员工集资/技术专家

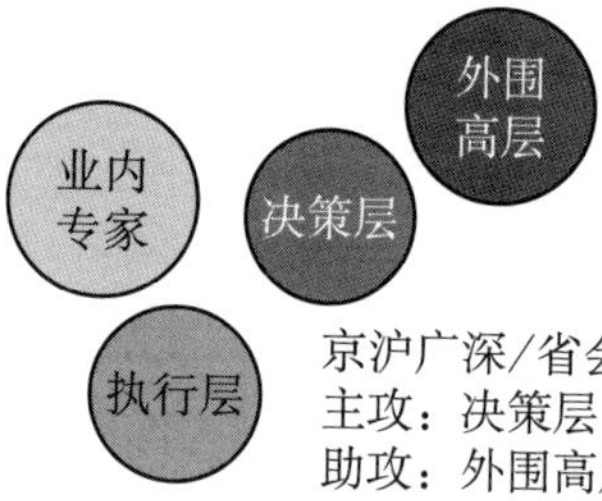

京沪广深/省会中心
主攻：决策层
助攻：外围高层
不攻：执行层
县/镇/乡级
主攻：外围高层
助攻：决策层
不攻：执行层

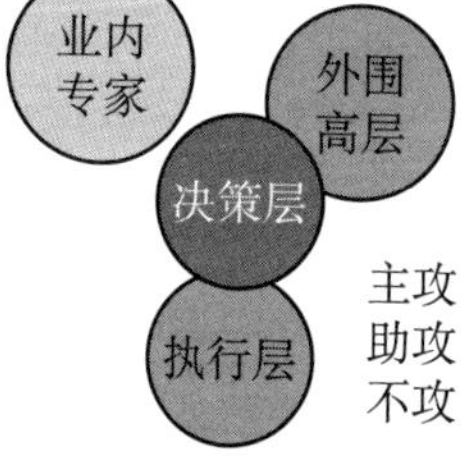

主攻：外围高层
助攻：决策层
不攻：执行层

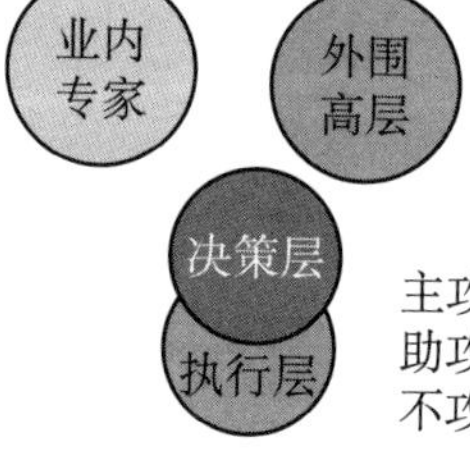

主攻：执行层
助攻：决策层
不攻：外围高层

注：1. 圈与圈不相交表示两个角色关系对立。

2. 圈与圈相交面积很小表示下一层级愿意向上一层级效忠，但尚未成为心腹。

3. 圈与圈大面积相交表示下一层级已经成为上一层级的心腹。

4. 攻意味着还没有拿下，如果已经明确是我方指导者的，则不用进攻，调整进攻方向。

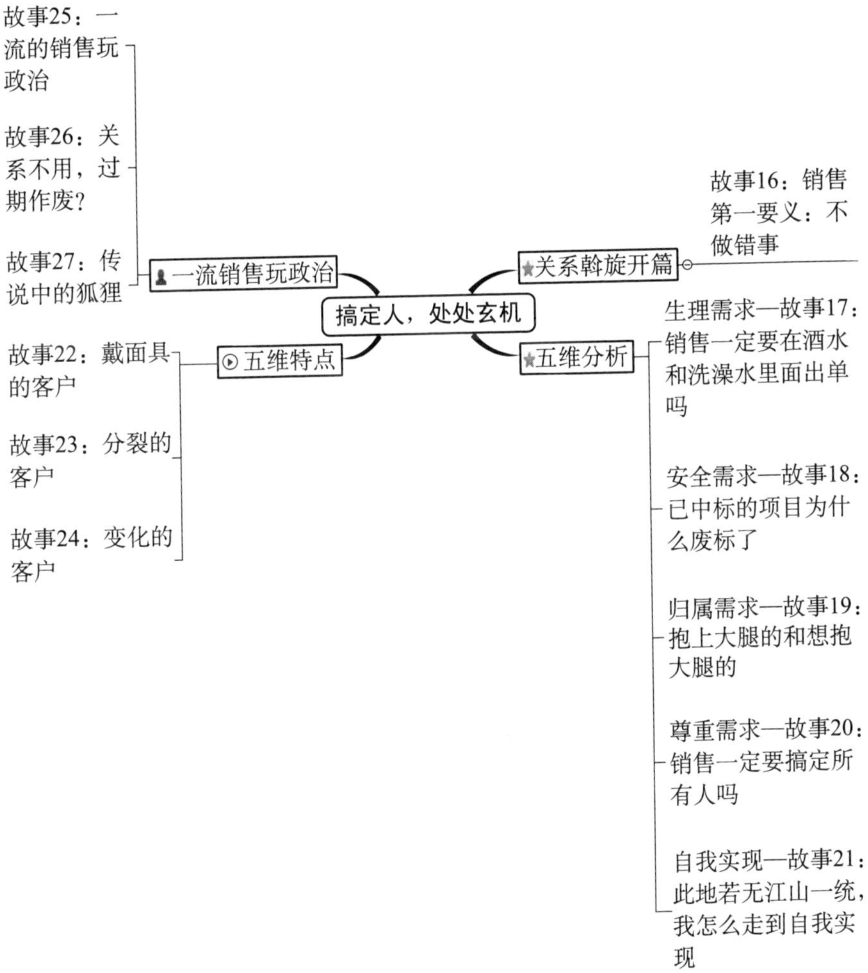
搞定人，处处玄机
一流销售玩政治
故事25：一流的销售玩政治
故事26：关系不用，过期作废？
故事27：传说中的狐狸
五维特点
故事22：戴面具的客户
故事23：分裂的客户
故事24：变化的客户
关系斡旋开篇
故事16：销售第一要义：不做错事
五维分析
生理需求—故事17：销售一定要在酒水和洗澡水里面出单吗
安全需求—故事18：已中标的项目为什么废标了
归属需求—故事19：抱上大腿的和想抱大腿的
尊重需求—故事20：销售一定要搞定所有人吗
自我实现—故事21：此地若无江山一统，我怎么走到自我实现

故事 16 销售第一要义：不做错事

不让领导擦屁股的销售就是好销售

在第 3 章第一篇文章《大战在即，侦骑四出》中我们谈到，在项目销售的早期，我们与其要求或者培养销售必须做对事、做好事，不如先培养他们不做错事！做错了事再擦屁股可没那么容易。其实，不仅在项目早期，在整个打单过程中，甚至整个客户管理过程中，我们培养销售的第一要义都是：不做错事！

目前市面上流行的大部分销售培训课程或者大部分公司对自己销售的培养要求都集中在如何培养开场寒暄、挖掘需求、介绍方案、处理异议、催促成单等方面的技能。从表面上看这些技能能够帮助销售开好一次又一次的会，多次的会叠加起来不就是指向最后的成单吗？然而很多销售发现事与愿违，有好多项目，每一个会议和客户聊得都很愉快，销售们对这些技能也运用得很好，可是最后这张单子还是给了别人，就好比是愉快地赢得了每一场战斗，最后却发现自己输了一整场战役。为什么？

大部分情况下，这种愉快地丢了整个项目的销售的操作问题都出在踩到了政治地雷！所谓政治地雷，就是触碰了客户企业内部的政治斗争、帮派斗争。企业内部的某些领导有严重的尊重需求，如果你不慎和他的政治对手走得很近或者在他看来走得很近，那么在他那里你肯定不会有任何机会。

民企和外企的人一般比较直接，如果你触碰了政治地雷，不论前面谈得多愉快，很快你就会碰一鼻子灰。比如，某集团生物中心所长原本对销售的态度还比较热情，对需求聊得很深入，当听说销售已经找过分管工程部的副总后态度大变，对销售非常刁难，原来在这个项目上该所长和分管工程部的副总唱对台戏，水火不容，他最讨厌的就是供应商去拜访副总。

政府和央企、国企的客户的城府则深得多，往往表面不动声色，该和你开会还开会，该吃饭吃饭，各种场面上的话都还很客气，可最后这个单子还是和你没关系。比如，某银行请市政府的领导介绍某国企集团董事长认识，饭局上董事长也带来了资金部部长一起吃饭，双方觥筹交错，相谈甚欢。对于该集团要发行中期票据的项目，资金部部长也热情邀请该银行参加各种需求会，但最后还是这家集团的老主打行和一个地方性商业银行联手发行了中期票据，从头到尾该银行都只是个愉快的陪跑！为什么？该集团董事长即将内退，资金部部长是总经理一手提携的，总经理和董事长不对付已经很多年了，你觉得他会照顾董事长介绍来的新银行吗？

销售做的最大的错事之一就是踩了政治地雷。如果直接就踩在决策人层面，项目已经没戏了，赶紧撤吧，还是把时间和精力花在其他有希望的项目上，再厉害的销售领导都没法擦这样的屁股。如果是小销售四处窜，见错了人，正如我们在后面的《销售一定要搞定所有人吗》一文中所说的，有时候这还是一种打单策略，关键四处窜的销售见了那么多人是忙着推进方案呢，还是拿来了销售老大需要的政治信息：下一步到底该去抱哪个帮派的大腿？如果没有收集来准确的政治信息，那么在客户眼中也就是瞎窜，最后还是极有可能踩到政治地雷，而这样的错误几乎是无法挽回的。

销售在拿单或者客户管理过程中还可能做的错事有：

1. 需求理解上的。比如，客户说的是A，销售理解成B，给的方案错了方向。

2. 商务操作上的。比如，对竞标流程不熟悉造成的乌龙事件，比如开标和讲标分不清，导致开标时派人去讲标，讲标时只派人递了标书。

3. 方案建议上的。比如，方案很美，呈现很差。

4. 实施操作上的。比如，过度销售，为了拿单不吝各种承诺，导致方案、合同很细，实施艰难，到了实施阶段销售就避而不见了。

这些政治地雷以外的错事可以分为常识性错误和销售技能类错误，不论是哪种错误，都会给打单或者客户管理造成额外的困难，需要先解决这些困难，才能继续前进。因此，不做错事，就节约了很多销售成本，加速了销售进程，“不让领导擦屁股的销售才是好销售”！

大部分的常识性错误和销售技能类错误都是花点时间和成本就能挽救的，就是需要这些销售的领导们有高超的擦屁股技巧，但是有些这类错误也会导致类似政治地雷般的项目绝杀。比如，D公司的销售服务某大型集成商数年了，该集成商的一条产品线使用的是D公司的产品来集成。最近该集成商新开了一条产品线，董事长说了句“鸡蛋不要放在一个篮子里”的话，于是销售部找来了P公司参与竞标，技术部也明显想迎合董事长的要求，力挺P公司。这下D公司销售急眼了，连夜降价25%，意图用低价拿到新产品线的生意。结果支持P公司的销售部和技术部立刻起草了一份报告给董事长，质疑当年那条产品线的采购有问题，不但在这个项目上灭掉了D公司，还连累了一直支持D公司的采购部，被董事长调查当年是否和D公司有猫腻。

对D公司而言，只要这个销售不犯认为降价就能赢项目的销售技能类错误，也许凭D公司在第一条产品线上的良好表现和采购的支持，这个项目还有一线生机，降价之后不但输掉了这个项目，甚至还会影响过去的项目，未来也很难有机会，等于输掉了整个客户。这个屁股让他的领导怎么擦啊？几乎没有可能。

因此，销售的第一要义是不做错事，然后才能走到做对事，再到做好事的最高境界。由于大部分公司培养销售就是冲着做对事、做好事去的，很多时候忽略了培养销售认识哪些是常识性错误、哪些是销售技能类错误，在基本管理流程上也没有予以控制，更不要提如何让销售认识到什么是致命的政治地雷。笔者所经历的很多单子都几乎是不犯错就能赢单的情况，但光想着赢单而忘记看清楚脚下的路的销售太多了。

你统计过什么是销售不应该犯的错误吗？时时提醒和监测自己和手下不要犯那些错了吗？

故事 17 销售一定要在酒水和洗澡水里面出单吗

客户只有生理需求吗？客户生理需求之上的需求是什么？

销售界有个非常流行的词汇叫做“关系营销”。谈起关系营销，很多销售都心领神会，特别在央企，很多销售自诩是关系营销的能手。笔者听到的故事很多，比如，酒桌上一杯酒一百万元的酒水关系营销，桑拿房坦诚相见过才能签合约的洗澡水关系营销，客户家人病了第一时间病房送慰问，客户孩子北京上大学去学校看望等会做人营销。一时间，很多销售都觉得打单就是拼这种搞关系的能力。是这样吗？

笔者曾在招待某高升到中央部委的朋友的饭桌上，对着一盘鱼背了背刚从某销售访谈中学会的口诀：头三尾四肚五鳍六，动了头就得喝三杯酒，其余类推，这可是职场酒桌规矩，不喝可就拿不下单了！笔者朋友大笑：这是销售不懂了，对于客户来说，销售也分三六九等。第一种销售对很多客户来说就是“送钱的”，因为他什么也不懂，只会送钱，这种销售合作最多不能超过三年，太危险。第二种销售叫做“有独特价值的供应商”，有些项目还必须得给他们做，换别人你还真不放心，但这也就是个供应商，有用就用，不必走得太近。第三种销售厉害了，他们是合作伙伴，我们的命运息息相关，客户的职位前途都押在和他共同操作的项目上，他也非常懂得不成功则成仁的道理，懂得如何控制项目帮客户布局。可惜啊，第三种销售太少了，可遇而不可求啊。

听起来，客户们似乎不太瞧得起只会在酒水和洗澡水里面出单的关系营销型销售，为什么？

的确，我们不否认有很多客户有很严重的生理需求，觉得他的收入不匹配他应有的地位或者不能让他过上他想要的生活，但是有这样需求的客户大部分处于企业的基层或者项目的低层，而且他们的需求很容易被满足：一点小礼品、小恩小惠、无伤大雅的小人情就可以解决了，但是怎么好像很多企业、很多项目的客户从上到下都有严重的这种需求，而且越往上胃口越大？

那是因为我们很多销售不会别的，只会也特别乐意玩关系营销，即满足客户的生理需求，没有办法或者也不想去洞察客户生理需求背后更深层次的需求，几次接触以后，客户就会觉得销售其实不懂他，能够从销售那里获得的最大利益就是酒水和洗澡水，只要确保项目安全不搞砸，给谁不是给呢？不如给“会做人”的销售。

如果关系型销售不幸在项目中碰到了独特价值型销售，或者合作伙伴型销售，打单就变得很困难了。

独特价值型销售洞察客户业务发展的真谛，明白客户要求背后要解决的问题和达到的目标是什么，能够提出更高一筹的专业解决方案，当客户和他交流几次后会发现：和这样的销售一起做项目，不仅可以安全完成项目，还能够确保立功，达到自己的目的，满足自己更深层次的需求，就会毫不犹豫地抛弃纯关系型销售的。

合作伙伴型销售往往是客户的政治盟友，他不仅能洞察客户的业务需求，给出专业的解决方案，更能洞察客户的政治仕途，会协作项目来帮助客户扫清仕途的障碍，打好更上一层楼的根基，碰到这样的销售，其他类型的销售也许会得到一些单子，但那也是他和客户安排好的，这样的高手是其他销售的“杀手”。

比如，某银行要在全国建设几十家旗舰网点，打算在个人业务领域锐意革新，发起了“零售网点转型”的咨询项目。奇怪的是，力邀某著名咨询公司参与该项目的是一位软件公司大客户部的老总，于是该咨询公司的销售总监老林约了这位软件公司的老总在星巴克谈了谈，到底是怎么回事？一个小时的咖啡喝完，老林非常叹服，感觉自己不是和什么软件公司的老总喝了杯咖啡，而是直接和该银行的总行行长聊了一个小时。原来，这位软件公司的老总和该银行的总行行长合作多年，在这位大行长还是某银行个金部老总的时代就开始合作了，这一个小时的聊天，这位软件公司的老总思考问题的方式，使用的语言，对该银行内部人事的顾虑和外部业务拓展的展望，还有该银行将走向何方的抱负，无一不让老林觉得完全就是该总行行长的视角和思维方式，这样的人一定是该大行长多年的合作伙伴，乃至代言人，难怪一个咨询项目居然是他打电话来咨询我们能否服务的！老林临起身前问了一句：如果这个咨询项目拿下，需要我们为你做什么？得到的回答是：完全不用考虑我，就全心全意帮行长把项目做好就可以了，这之前找的几家咨询公司我们都不是特别满意，听说国外某银行的未来银行项目是你们做的，我们特意找过来的。放心，是真诚邀请来帮助我们，不必有其他顾虑。老林回公司的路上颇有些后悔自己的露怯：大行长身边这样的合作伙伴，何劳我们费心帮助什么啊，该是他的什么都不会少。

在高举反腐旗帜的今天，相信很多习惯在酒水和洗澡水中出单的关系型销售遇到了很多的难题和障碍，很多企业也在缩紧销售政策，有某著名外企的销售抱怨：请客吃饭不准超过人均300元，送礼只能送带企业logo的礼品，这生意还让人怎么做啊？其实，都习惯了在酒水和洗澡水里面出单才是高度同质化的竞争方式，走出低层次的生理需求，学会洞察客户更深层次的其他需求，才有助于我们参与差异化的竞争，提升赢单率和客户关系健康度。

好销售，从来不只靠酒水和洗澡水出单！

故事18 已中标的项目为什么废标了

什么是安全需求？如何处理和解决？

小黄回公司向领导汇报："那张标本来我们中标了，但是现在医院宣布废标了！领导，怎么办？"小黄的领导老李淡定地问："废标以后客户打算拆包分开招，还是按照原来那样打包招标？"小黄本来蜡黄蜡黄的脸立刻有了血色："报告领导，还是打包招。我们还是有希望。如果拆包，我们没法向公司申请到打包的优惠价格，那就输定了，这点院长也知道，如果还是打包，我们的优势还在！"老李说："去查清楚是什么让院长不放心要废标，找到那个原因，想办法解决，这个项目就还是我们的！"

在大项目销售进程中，我们往往会碰到这样一些客户领导：有些项目即使已经操作到了竞标结束，如小黄的项目，但是有些问题让这些领导觉得不安全，宁可废标再来也要规避风险。还有一些项目，明明立项实施可以帮助解决很多问题，领导就是不置可否，迟迟不予立项，因为有一些情况让这些领导觉得不安全，现在不是立项解决这个问题的时机。这样的需求，我们称之为安全需求。

顾名思义，安全需求就是出现了让客户领导们觉得不安全的因素，为了安全，他们宁可按兵不动。通常安全需求基本由两大类原因激发：

1. 职场生涯的变动（要素在于人）。通常在三类领导身上表现得最强烈：

（1）上任不超过半年的领导，刚到此地，很多人与事的情况还没有理顺摸清，很多大项目先压后，等自己理顺摸清了再操作。

（2）即将退休的领导，很多领导到了59岁，就不太愿意再参与或者发起操作大项目了，他们谋求的是安全退休，不太想给自己找事。

（3）上级正在变动调换或者组织架构面临大调整的领导，这个时候做项目，做成功了无处邀功，失败了很容易招来暗箭，太不合算。

2. 重大事故/隐患的存在（要素在于事）。通常有三类情况：

（1）同行业、同区域或者同一个政治圈子当中，有领导在某些项目上犯了重大错误，为了规避风险不落人口实，很多领导会在一段时间内叫停类似项目或者不操作类似项目。

（2）某些领导以前做的一些决策不太成功，造成了一些不好的影响，在消除影响、挽回声望之前，谨慎操作，甚至不操作新的项目。

（3）还有一些领导在操作一些项目的进程中，遇到了巨大的压力：内部不同的声音、复杂的竞争、很多不确定的因素等，领导会严重忧虑继续推进项目会造成不好的后果，于是叫停项目，直到解决那些让他产生忧虑的问题。

显然，在这些项目中，如果我们不能很好地解决这些安全需求，要么项目就莫名地不搞了，要么就离奇地被竞争对手捡了漏。如何解决这些安全需求呢？

首先，让我们看看比较容易解决的要素在于重大事故或者存在隐患所引发的安全需求。通常解决这一类需求聚焦在：找到会引发重大事故或者存在隐患的原因，解决它，消除它的影响，让客户觉得安全，项目就可以如期继续推进。

比如，别人在这类项目上犯了错误，如果我们想操作同类项目，那么用什么操作手法可以表示我们是公开、公平、公正地为了解决问题才推进同类项目，以及如何证明推进同类项目的收益非常大。

再比如，小黄遇到的是典型的因存在重大隐患引发的安全需求，这一类需求最容易解决，找到隐患所在，消除隐患，让院长觉得安全就可以继续操作项目了。

其次，我们再来看看职场生涯的变动类的安全需求，这类需求是最难解决的需求，一般遇到这样的情况，我们的操作建议都是：不建议推进项目，或者说不建议找有这样需求的领导推进项目。我们可以等待时机，等新上任的领导的半年安全期过去，也可以等即将退休的领导退休以后寻找那些为了争取更大的政治利益而愿意立项的新领导。至于高层变动和组织架构变动，我们可以等变动的震荡过去后再推进新项目，操作的难度会低很多。

很多时候，安全需求是领导们的短期需求，这是其他更深层次需求的一层面纱，找到方法揭开这层面纱，或者等待客户自己揭开面纱，我们就可以透视其更深层次的需求，寻找满足其更深层次需求的办法，推进项目。

面对安全需求，最可怕的解决办法莫过于使用对待生理需求的关系型营销手法，客户本身已经觉得不安全，不论是酒水还是洗澡水都请不动他，如果有一些更加露骨的手法或者暗示，可能会招来更大的反感和躲避。

当然，并不是每个客户对于自己在不同的时期应该有什么需求都非常明白，比如确实曾经有即将退休的领导要捞最后一把，临退休最后一年还立一个大项目捞好处，也有一些中层客户明明知道高层正在调动，还在锐意创新，搞一些“放卫星”的明星项目。销售应该怎么办？如果这个客户在这个时期应该有安全需求而不自知，我们并不建议销售和他合作项目，免得合作不成甚至合作成功都惹来一身麻烦，毕竟我们做每一个项目的目的是拿下一个客户，而不仅仅是一个客户只推进一个项目。例如，那位临退休还要捞一把的大领导，退休后被举报，进去了，当然当时做项目的销售和供应商也一起进去了，何必呢？那位在高层变动时还锐意革新的中层，在新领导上任之后被批评不切实际，做的项目很不成功，而配合做项目的供应商自此也很难在这家客户立足，又何必呢？

因此，正视安全需求，分析它是因为人还是事引发的，找到正确的解决方法（解决事、等待时机或者换人沟通），才能真正有效地推动项目前进。不要为了项目而做项目，最后因小失大，失去整个客户甚至自己的职业前途。

故事 19 抱上大腿的和想抱大腿的

什么是归属需求？如何处理和解决？

小郑今天很走运，上个月小郑风闻某核电厂要搞年金项目，但自己一直被拒之门外，该核电厂的人力资源部甚至干脆通知门卫不许放小郑进去。今天，在小郑和门卫纠缠的过程中，正好该厂的劳保处处长老秦经过，问清楚原来小郑是某保险公司年金业务销售，人力资源部打了招呼说已经选好了供应商不必放他进来，老秦就笑了，让小郑上他的车进了厂。进厂后，老秦直接带小郑去见工会主席，商量好让小郑对厂里的情况好好做个调研，然后拿个年金方案出来。怎么回事？人力资源部不是已经选好供应商了吗？为什么素昧平生的老秦这么帮小郑？

某省人力资源与社会保障厅的厅长对信息中心主任说，有个供应商是省里开会时一个领导介绍的，你看看怎么样。信息中心主任心里犯了难，V公司进驻测试已经搞了半年，服务很不错，原来打算项目就给V公司了，现在半路杀出个程咬金，怎么办？

前面两篇文章我们探讨了客户的生理需求和安全需求，这篇文章我们要探讨在安全需求之上更高层次的需求：归属需求。归属需求有两种：

一种是想抱大腿的需求。如一些基层或者中层领导希望通过一个项目的操作向上级领导表忠心。在项目操作过程中，由于他们还没能抱上大腿，所以对“上意”并不是很有把握，只能处处小心体察“上意”，严格按照“上意”执行，希望通过这样的操作能够让上级领导明白：“我是你的人”，就此抱上大腿。

另一种是已经抱上大腿的需求。如一些基层或者中层领导是大领导的心腹，搞一些项目的主要目的是实现领导的一些梦想或者解决领导的一些问题。这样的人由于早就抱上了大腿，对领导真正想要什么非常清楚，也能够随时和领导坦诚沟通，因此如果有的时候领导的一些想法在他看来并不能达到领导真正想要的效果时，会主动帮助领导纠偏，并不是完全按照领导的表面意图死板照做。

本文中第一个案例：老秦为什么会对小郑那么热情？因为该核电厂老总已宣布将调任集团老总，谁将接任核电厂老总还悬而未决，目前最有可能的两个接班人是：集团下派的李副总和厂里的老核电专家王副总。王副总分管人力资源部，人力资源部木部长已经在厂党委会上报了两次年金方案都不置可否，老秦敏感地察觉到，接任的可能会是李副总，年金项目是一个非常好的笼络人心的福利项目，怎么都不能让王副总操作笼络人心，因此方案一直被搁置。如果自己能够另拉供应商，联手工会主席代表员工给出新的年金解决方案，向李副总报告，说不定就此能抱上李副总的大腿，等李副总正式升任总经理，自己坐了那么多年的劳动保卫处处长这个冷板凳也就好换一换了。老秦就是一个典型的想抱大腿的人。

本文中第二个案例：信息中心主任是厅长提拔的，已经跟了厅长好多年，这次信息中心推进的项目是厅长的一个重点政绩项目，因此提早半年主任已经开始筹备测试，务必确保成功，在见过厅长说的省委领导介绍来的供应商后，主任感觉对方仗着有后台，态度有些倨傲，到时候是否会真正尽心尽力做好这个项目很难说，而且这种有后台的供应商很不好控制，管严了得罪人，不管严就得冒搞砸项目的风险，实在不合算。于是主任找厅长私下谈了一次心，表示这样的供应商实在不能用，厅长表示，其实也就是省里一个老领导的一句话，如果这样我去想办法回绝掉，你安心把项目搞好。这位信息中心主任就是一个典型的已经抱上大腿的人。

想抱大腿的人，一心想体察上意，绝不敢提出纠偏的想法，因此，和这样的客户接触，巧妙地让他明白我们是他想抱大腿的人，或者这个项目这么做是那条大腿的意思，基本他就会力挺你。

当然，如果遇到某核电厂那个案例的情况，属于“敌人的敌人是朋友”，秦处想抱的大腿李副总的政治敌手是王副总，王副总分管的人力资源部非常讨厌小郑，是因为他们已经选好了供应商，方案被连续搁置两次后正怕有新的竞争者出来搅局呢。李副总应该静静地等待愿意来搅局的新供应商很久了，也在静静地等待懂得他的需求带来新供应商的人，因此秦处带来的王副总的“敌人”小郑，正是李副总等待多时的“朋友”，而懂得带来这位“朋友”的秦处，也就是李副总等待多时的“他的人”。

那么面对想抱大腿的归属需求，我们需要给予“酒水”和“洗澡水”吗？有归属需求的客户不稀罕，他们更稀罕的是想抱的“大腿”的赏识，因此供应商如果能够帮他们获得这种赏识，他们什么都愿意帮助供应商。比如小郑就在见李副总时拼命夸奖秦处，感谢秦处，表示如果不是秦处自己连进厂门的机会都没有啊，李副总淡淡地笑着看了秦处一眼，从此秦处抱上了李副总这条大腿。当然，从此小郑也会是秦处的铁杆供应商。果然不出所料，在之后的组织架构调整中，李副总升任总经理，秦处不久后也调离劳动保卫处，就任人力资源部部长，这家核电厂之后多年的年金项目都一直续签给了小郑所在的保险公司。

对于抱上了大腿的归属需求，我们需要做的就是努力证明我们是那个能够干好项目的供应商，最好不要动什么歪脑筋，想办法去找什么高层关系打招呼，这样的人有权力提醒领导纠偏。你可以设想一下：他已经是领导的心腹，你作为一个外来的供应商，领导是听心腹的还是听你的？当然，除非是领导想抱的“大腿”打的招呼，否则多半没什么用，不必浪费精力和资源。

看懂了归属需求，我们就会看懂为什么我们在打一些单子时，一些客户表面关心我们的解决方案能不能帮助他们，却经常有意无意地问起：你们和某领导怎么认识的？你们和某领导关系怎么样？也会看懂为什么有些客户特别仗义，即使领导有意于其他供应商，也会到领导那里为我们力争，也会知道应该怎么做，才能获得这些拥有归属需求的客户对我们的支持。

故事 20 销售一定要搞定所有人吗

搞定所有人现实吗？搞定所有人危险吗？

某电厂的发电机组项目过去三年的招投标中，一直都是一家民营企业 K 中标，到了第四年，某大型外企 E 公司不干了，一封投诉函告到了该集团：商务标年年 K 公司领先就算了，技术标连续三年 K 公司比世界两大著名公司 E 公司和 H 公司都要领先，不合常理，有猫腻。这一状告完，过去三年从来不管招投标的电厂总经理亲自出来主管招投标，第一件事情就是宣布 K 公司出局，过去主持招投标的副总经理和技术总工都不敢发话，得到总经理支持和青睐的 E 公司信心满满：看来在接下来的竞争中，我们的胜算很大啊。临近招投标时，五人评标委员会名单一公布，E 公司发现电厂副总经理和技术总工赫然在列，按照往常惯例必须搞定所有评标专家，于是找上门去游说：你们过去支持的 K 公司已经出局了，这次要不就支持我们吧。很快大家一拍即合，副总和技术总工都转而支持 E 公司。于是电厂总经理看不懂了，找来 E 公司销售说：你们怎么解释在某某机组和某某机组这两种型号上你们的市场份额低于 H 公司 20%的事实？E公司的销售有些莫名其妙：某总，这两种机型都是市场上的中低端机型，中低端机型市场占有率高很正常，我们这次竞标的是高端机型，本来占有率就不会高的。电厂总经理不置可否，很快结束了谈话。没多久，招投标结果公布，宣布H公司中标，H公司销售很惊喜：我这次不是来陪标的吗？怎么就捡了个漏？发生了什么？

这个案例让笔者想起有一次和业界一位著名销售专家起了争论：他坚持销售的所谓“全覆盖”原则，就是销售要接触所有会对项目产生影响的客户，尽量搞定他们。笔者不禁有些困惑，先不论我们能否有那个时间、资源和能力搞定所有的客户，关键在于我们应该搞定所有客户吗？

在生理、安全和归属需求之上，还有一种尊重需求，它通常指在客户的组织内部，出现了权力或者威望的争夺，于是在项目过程中会产生“此地谁说了算”的权力博弈。尊重需求指的并不是供应商是否尊重该客户，而是该客户要在他的组织内部获得尊重，即获得“他说了算”的权力和威望。

比如电厂项目，总经理为什么过去三年都不发话，E公司一去集团告状就积极插手干涉？一上来就宣布副总经理和技术总工支持了三年的供应商K公司出局，这样的雷霆手段让人遐想联翩：总经理过去的势力是否被压制？该电厂过去是不是副总和技术总工说了算？集团告状事件后是否给了总经理机会来压制副总和技术总工的势力以便重掌实权？不论怎样的遐想，结论都是该电厂总经理当前的需求是尊重需求。

尊重需求是我们打单过程中遇到的最难操作的需求，因为项目中客户会产生这样的需求，就意味着客户内部产生了两个不同的帮派，选择了A帮派，就是B帮派的死敌，反之亦然。因此销售们需要判断到底投奔哪个帮派，投奔错了就是输单，因此判断局势时需要销售们特别谨慎，这简直就是在赌场押宝赌大小啊。

电厂的项目其实很好押宝，局势一目了然，电厂总经理占了上风，E公司的销售应该紧密配合电厂总经理操作项目，同时通过该项目的操作力证副总经理和技术总工有问题，打压副总和技术总工的势力，甚至在即将到来的集团级检查中彻底清除他们的势力。不但这个项目，可预见的未来几年总经理当权做主的项目都会是E公司的。可惜的是，E公司的销售没有洞察或者说不关心为什么总经理会这么积极干预项目，只想着自己赢单，简单地按照尽量搞定所有评标成员的“全覆盖”方式操作，输了都不知道为什么。

还有些项目，局势非常难判断。比如某大城市，每每举办一些重点赛事就会组织一个重点项目办公室，办公室的成员都是从市里各个部门抽调上来的。某大公司销售小王一接触该办公室成员，就敏感地发现该办公室的主任和副主任不太和睦，由于办公室的成员都是新调过来的，很难用“时光倒流法”（见第3章）去了解主任和副主任到底谁说了算。于是小王犯了难：到底该搞定谁才有助于赢单呢?

很多销售会说：我能不能哪边都不得罪，哪边都不走太近，就专心研究业务需求做方案？可以，九成的可能会输单出局，因为哪一派都不会真心支持你，还有那一成的希望是两个帮派斗得太厉害，势均力敌，为了平衡，谁的供应商都不用才会落在只埋头做方案的销售身上。九成输率对一成赢率，你还选择做骑墙派吗？

如果不做骑墙派，怎么选？笔者一般建议在项目的早期，让销售四处进攻，不论帮派，假装埋头专心研究业务需求做方案的老实孩子。注意尽量不要触碰不和的决策人员，多见下面的中基层，渐渐通过对需求和方案的深入探讨，发现话语权更大的帮派是谁，然后销售的老大出场，亲自面见该帮派的客户领导表示效忠，之前销售四处进攻的行为很容易解释成“孩子不懂事，为了项目四处窜，还请多多海涵，以后绝不会发生类似的情况了”。之后，重点进攻该帮派，铁了心帮他们得到他们想获得的一切利益，赢单的可能性会增大很多。

对于上述某市重点项目办公室，小王采取的就是一直埋头谈需求做方案，两个月后局势渐渐明朗：主任的权威更大。于是，小王的老板，该公司的销售总监亲自登门拜访，对很多项目操作达成了一致，最后拿下了该项目。

在很多项目中，小销售可以假装糊涂，销售的老大可不能真糊涂，在局势不明朗时，老大们宜按兵不动，可不能从一开始就冲杀在一线，万一走错了路线，想往回捞都来不及了。

因此，尊重需求的存在导致我们很难搞定所有人，这不现实，也很危险。看清尊重需求，找到我们应该投奔的客户帮派，赢单才有可能。

故事 21 此地若无江山一统，我怎么走到自我实现

不是是个老大就能到自我实现的境界，什么是自我实现

在绘制五维需求地图时，很多销售会在马斯洛需求的维度上，直接给客户的老大标上“自我实现”。仿佛只要是个老大，就会走入人生的最高境界：自我实现。

自我实现是在生理、安全、归属、尊重需求之上的最高需求，在企业中指的是领导做项目意在带领企业更上一层楼，实现自己对企业规划的理想目标。

那么，是不是每位老大都能达到自我实现这么高的需求境界呢？

答案是否定的。

笔者有位台湾好友，为人正直达观，在他接任某著名品牌大中华区总经理半年后感叹道：一位领导管理的地盘倘若没有能够江山一统，真的很难走入自我实现的境界啊。试想你带领手下，意气风发准备集体向东拉车，集体中突然有一人低声咕囔：“东边那么难走，明明是走西边才对嘛”，还煽动很多小团体停止拉车，甚至向西拉车，你如何能够安心带领企业去走自我实现的道路？想走也成功不了，你只能退回尊重需求，先把不同的声音收服或者干掉，然后才能统一步伐，继续向东。因此，做老大真的不容易啊！

事实上，在销售遇到的很多项目中，老大们的需求各不相同：有些老大完全对项目不发话，或者不愿意启动新项目，只是继续一

些不得不进行的常规采购，还处在安全需求的境界；还有些老大，每天在揣摩更上层的领导在想些什么，集团搞他就跟风，集团不搞他就没兴趣，处在归属需求的境界。

由此可见，真正走入自我实现需求的老大，一般会具备一些基本条件，比如，主管此地多年，或者他本人就是这个企业的拥有者，大部分的部下都膺服已久，在企业中一呼百应，不太会出现不一样的声音，也就是我们所说的“此地江山一统，才能走入自我实现”。

如果一个46岁的院长刚上任，你揣测他的需求是什么？如果他已上任六年，你对他的揣测又是什么？你走到一位市长的部下当中去看对市长推动的项目他们如何实际操作配合，发现基本都在努力推动，实干配合，你对该市长的需求推测是什么？如果发现有些部下在观望，有些部下在唱反调，你对该市长的需求推测又是什么？都会大大不同。

关键是很多销售在操作项目时，比较容易简单思维和一厢情愿，很多时候都没有意识到如何去分辨客户的内在需求，而是忙于表面地理解业务需求和介绍产品、给方案。笔者曾经问某个销售他进攻的某汽车集团的总经理的年纪，得到的回答是：大概40多岁，也有可能50多岁，总之就是中年人，年龄有什么关系吗？再追问上任多久？销售就更茫然了，因为他在打单过程中从来没有想到还要关心这个问题。打一个单子，不了解单子最高决策人的最核心需求是什么，你觉得你的成功率有多大？

如果赢单不是指望运气和天上掉馅饼，我们就需要首先在信息战中了解和掌握很多关于老大的信息，比如，年龄、上任时间、谁提拔的？上任后提拔了谁？调动了谁？这些信息非常有助于我们预测和判断他在项目中的核心需求。

A市电网老总，是原B市的电网老总，在到A市上任之前A市的20余位中层干部均被原A市电网老总轮岗更换了，他上任后很难再予以更换调动。可以预期，这个时候这位老总有严重的安全需求，每年的电网常规采购项目他不太会发话参与，我们需要进攻负责采购的各个部门和分管副总，现在去找老总也没有用。

当然，想要判断老大是什么需求，除了充分掌握信息以外，最重要的还是看他在项目中的语言和行为，而不是一刀切：刚上任、将退休就是安全需求，或者想当然地认为所有的老大都是自我实现需求。

比如，B大学校长，60岁即将退休，照说应该是安全需求的状态，可是他主管该大学20余年了，目前学校的大部分领导干部都是他一手提拔的，在B大学该做的、该实现的都完成了，只有新兴的"互联网+"浪潮从来没有尝试过，因此该校长在参加完一次智慧大学的学术研讨会以后，他提出了借力"互联网+"建设智慧校园的项目规划，他期待在退休前对建设B大学贡献最后一份光和热，这是典型的自我实现需求。

如果我们最终判断客户的领导确实处在自我实现需求的境界，我们需要做什么才能抓住他的需求，赢得项目呢？我们需要聚焦在：

1. 深入了解这个客户的业务基础。

2. 深入了解这个客户的领导为什么会发起这个项目，即他希望通过这个项目实现什么样的梦想。

了解清楚这两个问题之后，我们需要做的就是拿出高屋建瓴的解决方案去深度匹配，完全不需要去关注各种人际关系需求，因为自我实现需求的领导最需要的是销售扎扎实实干好活，拿出真正的好方案。这样的领导，对于所谓关系倒不是那么在意，因为该搞定的他都搞定了，该有的他也都有了，他不需要我们会搞关系，他只需要我们确实能够帮助他自我实现。

可以说，做项目，遇到有自我实现需求的客户，是最幸福的事情，因为我们终于可以简单地只聚焦于事和业务，而这是很多大公司、专业公司的强项。

关键是，你凭什么判断该客户确实处在自我实现的境界呢？该客户所管理的地盘“江山一统”了吗？我们需要谨慎判断，一旦确定，就赶紧召集专家好好干活吧！

故事22 戴面具的客户

五维需求的多重性

五维需求地图，顾名思义，包含五个维度，在本章我们用五篇文章探讨了马斯洛需求的五种层次在实际案例中客户的表现和销售的处理方式。还有另外四个维度没有探讨，即对待变革的态度、决策的关注点、与我方的联系紧密度和对我方的态度。由于我们在《大客户销售：谋攻之道》一书中对其他四个维度有比较深入的定义和诠释，本文就不再赘述。

我们在这篇文章中要探讨的是：五维需求的多重性，即如果客户有安全需求，那么他只是有安全需求吗？如果客户决策的关注点是技术，他就只是关注技术，对关系就不考量了吗？客户会不会既有安全需求也有其他的需求？会不会表面关注技术，内里关注关系，即销售是哪位领导介绍来的呢？

我们从很多案例中都可以发现，客户的五维需求的每个维度不一定是单一的，很多客户在一个维度上会有多重需求，仿佛戴了多层面具，而且越是表层的面具越不是他最重要的需求，真正的需求隐藏在他的多重面具下面，比如图 4—1 所示的案例。

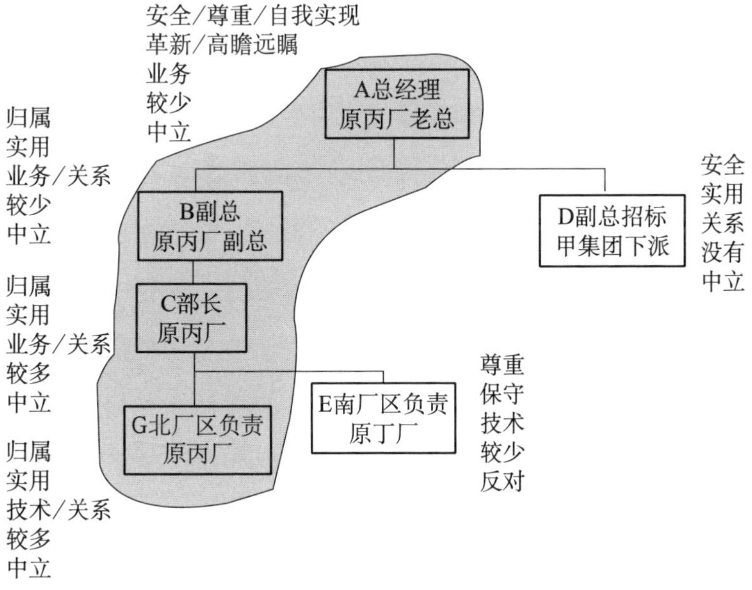

图 4—1　五维分析举例

乙集团隶属于甲集团，为甲集团并购丙厂和丁厂后成立的新子集团。丙厂和丁厂合并后，原丙厂老总 A 上任为新的乙集团老总，作为一家万人集团的一把手，A 年仅 36 岁，刚刚就任乙集团老总半年，他在想什么？从图 4—1 中的五维分析来看，他的第一维度马斯洛需求和第二维度对待变革的态度都是多重的，他的嫡系手下，从原丙厂带来的一帮老人 B，C，G 在第三维度决策的关注点上也是多重的。为什么？到底什么需求才是这些客户骨子里真正的需求？哪些需求是短期的面具？

我们解读这个案例的时间正处于该客户连续第三次邀请 E 公司参加一个基地建设项目的竞标。如果说客户有和 E 公司合作的意愿，在前两次招标中 E 公司都输了，而且看得出来赢的都是内定供应商；要说没有合作意愿，每次客户的态度都很好，也肯放信息给 E 公司的销售。这一次还去不去？在下决定前，还是得好好研究这张五维分析地图啊。

如图 4—1 所示，如果我们去分析乙集团的 A 总，我们就会发现，一位刚上任的老总，甲集团还派了人来监管招标，他在项目开始的早期有明显的安全需求。再进一步审视他在项目中的表现，我们又发现这位 36 岁就上位的万人企业老总，在集团的靠山和势力应该相当扎实，集团也只是在并购后派人来象征性地管招标，并没有像通常兼并后财务、人事、销售、采购等重要岗位来了很多集团派来的御用人马，因此派来管招标的 D 副总有严重的安全需求，除了例行该知道的，压根儿不大管事，因为他也知道年轻气盛的 A 总是很难真的放手不控制局面的，A 总的尊重需求在隐隐闪现。

再从基地建设项目的招标过程去分析：A 总采取分阶段招标方式，第一张标给了集团某总监打招呼的供应商，第二张标给了自己老丙厂的供应商。不统一总包，而且第一张标给集团，以示给集团面子，第二张标给自己的老供应商，从而宣示乙集团是我的地盘。这些行为都反映了A总在典型的安全需求表象下有严重的尊重需求。因此头两次应标，明显E公司只是陪标，项目花落谁家早已内定。那第三张标到底何去何从，E公司到底还有没有机会呢？

让我们重新考察这个项目：这是一个非常大的基地建设项目，可以分期招标，也可以一次性统标，一般基于安全需求的老大们都会分拆招标，可是A分拆的第一张标和第二张标采购的内容都偏向某种单项产品，和整个园区建设的盘子比金额也很小，这意味着这两张标都不是重要的核心采购，失去并不代表什么，看来后面有大项目。

怎么办？当然看A总和他的人怎么想，他们为什么明明前两张标不会给我们仍然对我们这么客气？笼络我们？因为能够承接整体大项目的供应商就是两家国际大公司，我们是其中之一，而另一家正是甲集团某总监打招呼赢了第一张标的那家，因此项目应该走向什么方向隐隐浮出水面：A总年轻权重，要坐稳这个位子必须有所建树，因此基地建设项目只能赢不能输，A总内心深处的真正需求应该是自我实现。这个需求决定他必须用一流的供应商，而隐隐的尊重需求又告诉他用集团的供应商意味着身边时时刻刻多了一个眼线，因此集团打招呼来的那家绝不能大用。A总的手下B，C，G对A总的心思心领神会，在各自的岗位所应该关注的业务和技术的面具下默默关注着关系，即老板A总到底属意谁。集团打招呼来的肯定是不可能了，他们的老供应商只是个民企，能力太弱，产品线单一，未来整体基地建设帮不上什么大忙，看来老板还是属意E公司啊，因此纷纷对E公司的销售很热情，虽然不能把前两个项目给E公司，但是给起信息来绝不吝啬。

E公司何去何从，就看他们在第三张标中如何发力了！在透彻解剖了五维的多重面具后，如果你是E公司这单的销售是否会信心大增呢？

准确判断客户的五维并不是一件容易的事情，因为客户往往戴着各种面具隐藏自己的真正心思。比如A总就戴着安全需求的面具隐藏在招标项目组背后，内心深处却是尊重需求和自我实现需求的交战。B，C，G的职位决定了他们应该关注业务和技术，同时也要关注关系，相信他们和E公司销售的谈话多半都是在谈业务和技术。那么，在重重迷雾中，到底怎样才能准确透视面具？找准每一维度的实质是什么？立体地画出五维的多重性。

笔者有两条建议供参考：

1. 通过客户的年龄、性格、上任期限和项目中的行为表现，来判断客户到底在想什么，从而画出他的多重五维，决定下一步从什么方向去影响客户。

2. 通过五维分析法的五个维度互相印证，去看客户的真实需求，这个方法在下文《分裂的客户》中会有详细介绍。

不论使用什么样的方法去描绘五维，没有解剖十个以上案例的销售，初步使用五维模型很容易产生偏差，熟练使用五维模型需要大量的精确剖析和指导，需要谨慎、再谨慎。

总而言之，五维模型的每个维度不都是单一层次的，极有可能是多重的，犹如川剧变脸中艺人所戴的面具，在一层面具下还有另一层，准确透视客户到底有几重面具，找到客户的真实面孔，是销售在打单过程中的重任，找到它，就找到了赢单之路。

故事 23 分裂的客户

五维需求的关联性

五维分析法给了我们五个维度去透视客户的真实需求，比以往纯粹靠感觉来揣摩客户需求要相对准确，而且向配合打单的同事和上下级传递的信息也更明确。比如，某主任在项目中一直对我们有所质疑，甲销售很可能在想主任是不是暗示要“好处”啊，因此这么为难我们，乙销售会想主任是不是因为我们是副主任介绍来的才这么对我们？甲、乙都觉得自己的想法很有道理，通过五维分析的精准定位，甲、乙很快会从很多信息中抽丝剥茧达成共识：某主任不喜欢我们和副主任走得太近，是尊重需求，以后干活要小心，不要和副主任走得太近，接触了也不能让主任知道。

然而，问题的关键是这个共识如何达成？很多案例解读下来，读者可能会有一种感觉：五维需求的第一维度马斯洛需求层次似乎是最重要的需求维度，很多案例只要解剖完第一维度，客户在想什么，销售该怎么干似乎就跃然纸上了。是的，五维需求的第一维度马斯洛需求层次是“五维的灵魂”，是指挥我们真正了解客户内心的“道”，但是“灵魂”很难琢磨，很多销售在解读相同的案例或者在实战操作一个项目时，会就客户的马斯洛需求到底是什么争吵不休，很难达成共识。怎么办?

确实，马斯洛需求作为五维中最重要的一个维度，也是最难准确定位的一个维度。通过绘制五维图谱的其他四个维度，我们能够从更多的角度去透视客户的语言和行为，从而验证我们对第一维度马斯洛需求的判断，因为其实五个维度是互相关联的。比如，归属需求通常伴随的决策关注点是关系，自我实现需求通常伴随的对待变革的态度是高瞻远瞩，安全需求通常伴随的对待变革的态度是实用主义等。

如此一来，我们可以先分别从五个不同的维度去一一描绘客户需求，再合并看五个维度的关联性来互相印证，这样我们就能够更准确地抓住“道”，即马斯洛需求这个五维的灵魂。比如图 4—2 所示的某医院的案例。

图 4—2　某医院的案例

某医院院长 A 有 60 岁了，过去多年来都是 E 公司的支持者，主持购买了很多 E 公司的设备，但是去年由于 E 公司卖的一台设备出现了严重问题，导致今年 A 院长准备购买高端核磁共振设备时，都不敢叫 E 公司来参与。这听起来似乎完全是安全需求：

1. 60 岁，明年就退休了，很多领导这个时候都有严重的安全需求，不希望出事导致晚节不保。

2. 过去 E 公司闯了祸，现在还买 E 公司设备太不安全，不安全要素的存在会引发安全需求。

让我们在五维地图上先给 A 院长的马斯洛需求层次标上“安全”。再看第二个维度——对待变革的态度，在这个维度上我们很快发现了问题。这次招标的是高端核磁共振设备，属于核磁共振设备中最好的机器之一，这一般属于高瞻远瞩型的需求啊。如果 A 院长是纯粹的安全需求，五维的第二维度不应该是个“实用主义者”才更匹配吗？实用主义者的定义是：有啥问题解决啥问题。按照现在院长的情况，如果想“安全”退休的话，那不是不搞项目，什么都不买最安全吗？看起来这是一个“分裂的客户”啊，也就是这个客户的五维之间互相不够匹配，发生了什么？是我们判断错了还是 A 院长的马斯洛需求的维度是多重的，A 院长只是戴上了安全需求的面具，他还有更深层次的需求吗？比如自我实现呢？自我实现的需求一般伴随的第二维度对待变革的态度是高瞻远瞩者。

面对种种揣测，为了进一步论证，让我们再看看其他三个维度的分析：

第三个维度——决策的关注点。通过对该医院业务的分析，A 院长要给放射科购买高端核磁共振设备，完全是站在医院业务发展的角度，决策关注点是业务，这个需求和第二维度高瞻远瞩者是匹配的。

第四个维度——与我方的联系紧密度。这次院长几乎不和 E 公司见面，联系较少，似乎又和安全需求更匹配。

最后，看第五个维度——对我方的态度。我们赫然发现得知采购高端核磁共振设备这个消息时，医院对竞争对手的考察都已经做完了，也就是项目已经开始小半年了我们才知道，如果医院想向我们封锁消息，我们还是不知道。那么是谁告诉我们这个消息的呢？是设备科长 D，此人是 A 院长一手提拔的，他是 A 院长的人，如果不是 A 院长授意，他肯定不敢向我们透露这个消息，看来 A 院长在考察了一圈之后，内心深处还是更认可我们啊，是我们的支持者。支持者为什么对我们采取安全需求的保守态度呢？安全应该是他的表象面具吧。

先分裂再合并，五个维度关联分析下来，我们终于可以肯定 A 院长的五维灵魂——马斯洛需求的核心需求是戴着安全面具的自我实现者。对于 A 院长而言，因为追求自我实现，所以他坚持在退休前最后一年还要立项购买高端核磁共振设备，这是他主管医院多年临走时最后为医院做的一件大事，而且在选择供应商上，若不选 E 公司只能证明 A 院长过去的决策都是错的，只有给 E 公司机会来证明选择他们是对的，才是对自己最安全有利的方式，因此他指挥 D 科长通知我们高端核磁共振设备的采购消息，之后就看 E 公司懂不懂，会不会操作了。

看懂 A 院长的五维需求，明白安全需求只是他的面具，E 公司要做的就是如何让他觉得安全，可以摘下这个面具，让他放心地走入自我实现这个真实需求，这样 A 院长才会全力支持 E 公司，高端核磁共振项目也就必在 E 公司囊中了。最终，E 公司顺利拿下了这个项目，至于 E 公司是如何操作让 A 院长觉得安全并重获威望的，请见本书第 2 章中《有错就改还是好同志》一文。

五维需求是关联的，我们可以分开来一一描绘，更要合并起来寻找关联性，判断每一个维度的描绘是否合理。如果我们发现了“分裂的客户”，也就是该客户五维之间的关联不那么合理，我们就要重新审视：

1. 我们是否判断错了，我们是否需要收集更多的信息来重新判断？

2. 客户是否戴着面具，拥有多重需求？那是什么面具？什么才是这个客户的真实需求呢？你需要从五维的关联性中再去审视客户的语言和行为，好好琢磨。

查找为什么会产生“分裂的客户”，重新透视五维需求五个维度之间的关联性，能够帮助我们更准确地掌握客户的真实需求，更精准地策划我们下一步的赢单动作。

你的项目中有“分裂的客户”吗？赶紧去重新审视五维的关联性来看看发生了什么吧！

故事 24 变化的客户

五维需求的变化性

笔者在带领很多销售使用五维分析法进行销售案例复盘时，经常听很多销售问：五维是标注案例开始时客户表现出来的五维，还是标注案例结束时客户表现出来的五维？很多客户的五维需求随着项目的进展在不断变化，怎么办？

比如某分行行长，在项目开始时刚到任，不太过问项目，表现出了明显的安全需求。项目进展到一半，该行长提拔了一个新的办公室副主任，美其名曰辅佐办公室主任搞好项目，事实上等于整个接管了项目，因为办公室主任是原任行长提拔的。这时行长表现出了明显的尊重需求。如果这个时候我们还像项目早期那样天天去拜访办公室主任，恐怕项目就要和我们没什么关系了。

本文要研究的就是五维需求的这种变化性，在实际推进一个项目的过程中，项目刚开始和项目结束时，甚至进入到下一个项目或者下一个年度的合作时，客户的五维会不会产生变化？是什么引发了变化？我们如何去洞察变化？如何应对？

让我们从一个案例说起。这是一个大型集团的省公司，该省公司总经理宣布明年内退，技术 A 总将于明年接任总经理的位置。去年年底总经理主持采购了1 100万美元的一个大项目，P 公司中标，两年实施期。去年这个大项目中，B 技术主任和 C 技术经理保持和总经理一致的路线都支持 P 公司中标，A 总没有表态。今年有一个小项目准备上线，预算 300 万元人民币，A 总介绍了一个公司，E 营销主任也介绍了一个公司参与竞标，B 和 C 就打电话给 P 公司让帮忙陪个标。

项目开始时，几个关键角色的五维需求如图 4—3 所示。

1. 总经理没发话，可能是他即将退休了，有安全需求，也可能

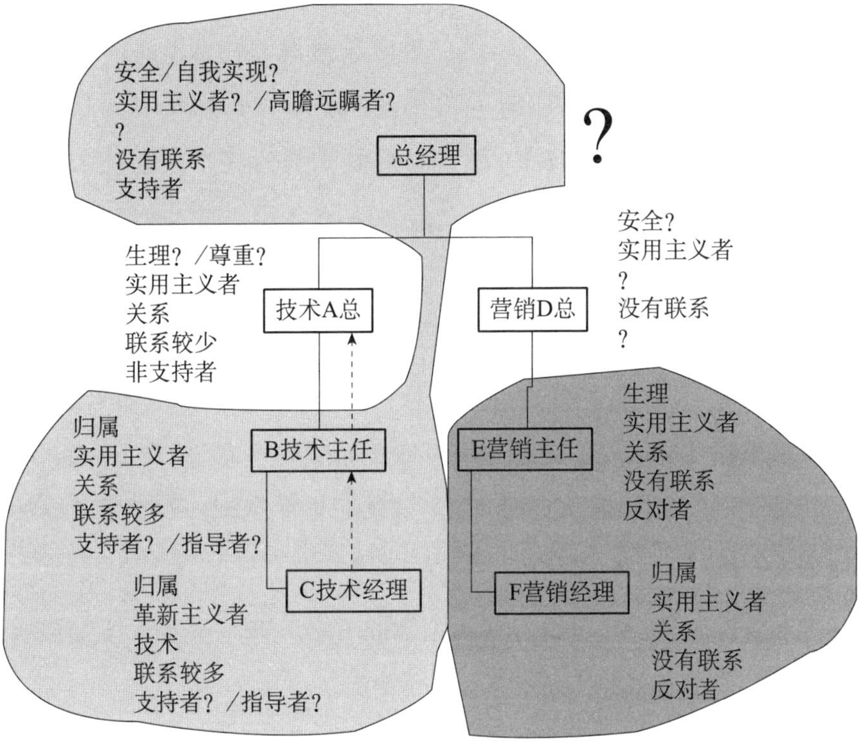

图 4—3　五维需求变化举例（项目开始时）

是 300 万元的项目太小，他不关注，毕竟在退休前他也主持采购了 1 100万美元的大项目，骨子里或许是自我实现。

2. 技术 A 总介绍了一个公司来，不知道是什么内幕关系（也许是生理需求），或是开始培植自己的供应商势力（是尊重需求）。A 总目前的决策关注点明显是关系，也就是用的是谁的供应商。

3. 营销部 D 总没发话，虽然营销部是这个 300 万元小项目的使用部门，但是如今局势不明，未来 A 总将上任成为总经理，A 总又推荐了供应商，D总不发话会不会是安全需求？

4. 技术部B主任和C经理，目前是典型的归属需求，想抱A总大腿，叫自己的老供应商P公司来陪个标，特别是B主任，他这时的决策关注点明显是关系，而C是个技术控，谈起技术就滔滔不绝，对待技术是个革新主义者，决策关注点还是停留在技术上，虽然他也意识到这次只是叫P公司来陪标的。

5. 营销部E主任，传闻他在所介绍来的公司内部有股份，属于典型生理需求，F营销经理唯E主任马首是瞻，属于归属需求。

如果你是P公司的销售，应该怎么干？

首先，1 100万美元的项目还在干呢，明年A总上任后还有一年实施期，撇开未来可能还有很多项目机会不谈，不把A总伺候好了，后期项目实施配合和尾款若出问题都够P公司喝一壶的，要知道当初决策时他可没表态，这不是什么好信号。

其次，A总这次介绍来的明显是个本地小公司，在大项目上并不具备和P公司竞争的实力，而听C经理反映，300万元这个小项目，对方在方案上表现得都不太专业。这样的一个小公司A总为什么要介绍来呢？要么他们之间有一些特殊的关系，要么A总用一个小项目来试探手下的忠心和大家的反应，也有可能两者兼而有之。不论是哪一种情况，最好的办法都是帮助这个小公司成功。不但帮助它赢单，还要帮助它好好完成项目，那么最好的方法就是发展这家公司成为P的经销商。如果经销商管理太严格，很难立刻发展入体系，那么就完美地陪一个标，让A总领P公司的情，觉得P公司确实“懂事”，同时也帮助B和C顺利地表了忠心，抱上 A 总的大腿。因此，对于 P 公司的销售来说，目前 A，B，C 的五维需求正是有利于 P 公司的，P 公司只要迎合这些需求就可以了。

事实上，P 公司的销售是怎么干的呢？他充分展示了大公司的技术实力，让技术控 C 心动不已。P 公司觉得有单子就不能放过，打算从陪标的翻盘成中标的。E 营销主任因为生理需求，也力挺自己推荐的供应商，技术部 B 和 C 受到了巨大的压力，感到非常不满。于是 P 公司觉得自己可以利用这次 E 主任的表现，让 A 总觉得还是用 P 公司最安全。毕竟他还没上任做总经理，这次他推荐的供应商和 E 主任的供应商在一个水准上，都不太好。如果不用 E 主任的供应商，也不能用他的，最后这个项目还是回归 P 公司了。这种操作手法不是保持 A，B，C 的五维需求不变，也不是迎合，而是推动他们的需求变化，变化到另一种有利于 P 公司自己拿下该项目，踢 A 总和营销部的供应商出局。

按照这个如意算盘，P 公司说服了 B 和 C，B 和 C 觉得确实是这样：E 主任跳得太厉害，用 A 总的供应商他势必不会善罢甘休，只有用技术上高出他们很多的 P 公司才最安全，于是拟了一份报告给 A 总，在 A 总主持下这个项目最后花落 P 公司。

于是这个项目在结束时五维变化成如图 4—4 所示。

1. 从头到尾，对于该小项目总经理和营销 D 总都没发话，安全需求不变。

2. 技术 A 总被逼出了安全需求，导致他无法倾向关系户，同时为了确保自己拥有决策的权威，即因为尊重需求，必须不能让 E 主

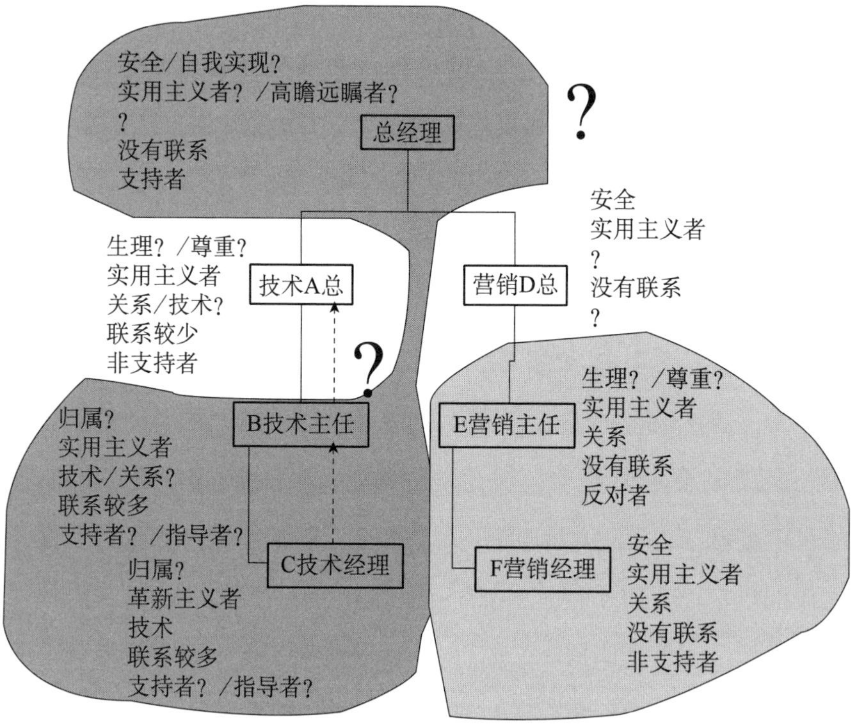

图4—4　五维需求变化举例（项目结束时）

任的供应商赢标，于是只能用P公司，毕竟P公司是技术部力挺的。

3. 技术部B主任和C经理的归属需求让人大打问号，他们到底是归属A总还是归属总经理？很明显他们还是觉得总经理的老供应商P公司更好。不管是因为他们的决策关注点从关系被推动到了技术，还是因为E主任的强势而误以为用P公司对A总更好，看在A总眼里恐怕都意味着这两个人不是我的人。

4. 营销部E主任，严重的生理需求激发了他的尊重需求，务必追求PK掉技术部把项目搞到手。F营销经理，原本唯E主任马首是瞻，在考虑到PK的是未来的总经理A总的情况下，吓得不敢发话，变成了安全需求，也从P公司的铁杆反对者变成了非支持者。

客户的五维随着项目局势的变化会发生变化，我们能够做的就是不断根据局势的变化，通过客户的语言和行为来判断，捕捉五维需求的变化。更奇妙的是，很多时候不仅是客户的内斗激发了五维的变化，好的销售会根据项目的情况来激发和阻止变化。比如本文所讨论的小项目，如果P公司的销售懂得利用这个项目抱上A总的大腿，那么就应该阻止A总、B和C五维的变化，对抗E的五维的变化，而不是去激发A总、B和C的五维变化。虽然实际中P公司得到了这个小项目，但未来A总上任总经理之后，P公司恐怕会失去这家公司未来的项目。

你了解正在进行的项目的客户的五维需求吗？我们应该去激发客户们的五维变化吗？变向何方呢？还是我们已经察觉到客户的五维正在变化，要利用还是要阻止？你深入分析过利和弊了吗？

故事25 一流的销售玩政治

一流的销售玩政治，二流的销售卖标准，

三流的销售卖方案，不入流的销售卖产品

在很多访谈中，我们经常会问销售很多问题，有些问题关乎人，比如，这位客户多大年纪？在任多久？谁提拔到任的？还是正常轮岗？和另一位客户关系如何？坐这个位置的上一任领导是升迁、平调、退休，还是出事了？

有些问题关乎事，比如，这个需求是谁发起的？是常规需求还是特殊需求？客户当时为什么会有这个需求？是领导意见还是科室利益？领导说了什么？这个需求不满足会出事吗？

大部分销售面对人的问题都会很茫然：我只大概知道客户的年纪，对于他具体怎么坐到这个位置的，还有前任的事情真的不太清楚，这个和打单有关系吗？但是我很清楚客户的需求，我为了他们的需求特别推荐了我们最好的产品，这个产品的好处是……

这一类销售我们称为“会说话的产品说明书”。他们一般自以为是地去客户那里卖解决方案，认为能解决客户问题的产品就叫作解决方案。

真正卖解决方案的销售，也许对人的问题有点茫然，但是对于事的问题如数家珍，他们非常清楚客户的需求是如何发起的，为什么发起，发起以后各部门和高层在这里到底分别有什么利益，关注点分别是什么，为此重新包装和组合自己的产品，为客户提供解决方案。往往各种方案介绍会、产品考察会开得让客户们频频颔首认可，觉得就方案而言这家公司真不错，而销售们获得这种认可后就觉得胜券在握了，这一类销售我们称为“解决方案销售专家”。

也有个别销售对人的问题特别关注和敏感，不等你问已经主动提：我先把这个案子里的人物背景介绍清楚，不然很难解释以后他们为什么会那样表现，有那些需求。有些操作还真的很微妙，和职业前途、权力博弈很有关系。

这一类销售是玩政治的高手。

当然，也不乏一些销售表示：你问的这方面信息确实很重要，但是有些我们当时没关注，所以回答不出来，只是我们在人际关系上确实很谨慎，有些事情没有去触碰，主要研究客户需求背后的原因，研究怎么帮助他们真正很好地解决问题来创造收益，最后成功地影响客户树立了对竞争对手来说有一定壁垒的采购标准。

这一类销售是卖标准的高手，他们不仅根据客户问题背后的原因提供深入的解决方案，还懂得如何帮助客户建立采购标准来排除竞争者。

这四类销售角逐一个项目或者一个客户，你觉得谁会是最后的赢家？

看了那么多篇研究五维需求的文章后，我想大家的答案显而易见：玩政治的布局要么通杀，要么拿走了吃肉的项目；卖标准的拿走其他还不错的项目，算能喝点汤；卖解决方案的去啃了骨头——要求高又利润不高的部分；卖产品的白忙活一场。

笔者曾经见过一个玩政治的高手销售 A，在搞定某领导 B 的政绩需求后，遇到了玩标准的销售在该领导的上级部门那里制定了几乎通杀的采购标准，如果按照那个标准玩，输定了，结果 B 领导亲自牵线搭桥帮助该销售认识了集团的主管部门的领导 C，重新制定标准，其间推动了多次标准论证会和方案考察会，引来各种卖方案和卖产品的销售同台竞技，大家按照客户的要求，事实上也就是 A 的要求，不断地提供各种论证和考察，甚至有某解决方案型的销售还帮忙做了个测评报告，最后通过这么多第三方、第四方的论证，证明了原有标准有问题，顺利推翻了原标准。在树立新标准的过程中，一直躲在幕后控盘的A突然出手，提出了客户集团公司的更高需求，事实是B，C两位领导真正的政绩需求，制定了一个新的采购标准，自此A所代表的公司顺利上位，先从B领导所管辖的区域开始试点，试点成功后在集团推广，三年内占领了该集团业务50%以上的份额，成了排名第一的供应商。

是什么让客户力挺你成功，甚至和你一起控局、布局走向成功？是你深刻懂得客户内部错综复杂的政治需求。因此杀手级的销售，往往都是玩政治的。

有一个好消息是，这种高手齐聚一堂的情况很难碰到，在海量销售机会的角逐中，玩政治的、卖标准的和卖解决方案的都能得到不错的收获，苦的往往是“会说话的产品说明书”，当然，产品垄断市场的公司例外。

因此，销售界一直有句话叫做“一流的销售玩政治，二流的销售卖标准，三流的销售卖方案，不入流的销售卖产品”，你是哪类销售呢？你又想成为哪类销售呢？如何才能成为你想成为的那类销售呢？

故事26 关系不用，过期作废？

一招鲜能否吃天下

大单销售，许多人奉行一条准则：关系至上！项目伊始，听说对手是客户老板的同学介绍来的心就凉了半截，回来说：“领导，对手关系硬啊!”如果自己和客户老板经朋友介绍吃了顿饭，那腰杆子就硬了，话音也洪亮了，觉得十有八九能拿下，可过了一阵子依旧没动静，心里面又十五个吊桶七上八下起来，琢磨着这关系到底管不管用啊?!

毕竟，销售人员背负着沉重的业绩指标，希望尽可能利用所有关系，甚至没有条件也要创造条件搭上关系，好提高胜算，这是人之常情。这里，笔者想问三个问题：

1. 关系有用吗?

2. 使用关系就会有成本，值得吗?

3. 有时候，关系会不会起反作用?

三个答案见仁见智。天下的确没有免费的午餐，某些情况下，使用关系的代价和成本是销售人员不愿看到也难以承受的。更为抓狂的是，有时候打了招呼反而坏事。听到过这样的话吧：客户说“你不是和X总熟嘛，X总说用你们就用你们!”事实上，X总不方便直接出面干预此事，眼见着竞标安排背道而驰，自己只能干着急。到底怎么回事呢?不都说聪明的下属要懂得揣摩和迎合老板的心思吗?怎么老板发话不管用了呢?

可以先回顾一下销售人员在打单过程中经常会遇到客户方什么层面的人物，他们各自对项目所产生的影响力又是什么。这些人通常可归为四层：执行层、决策层、外围高层以及业内专家。四层人物相互影响，彼此间有着千丝万缕的作用力。比如，在一些小项目中，具体办事人员就是执行层，部门老大是决策层，企业总经理、董事长属于外围高层；在大项目中，执行层可能升级为企业中层，决策层则由总经理或董事长亲自担纲，而政府主管部门或集团总部高管则成为外围高层。

若仅从组织架构来看，决策层和执行层作为中坚力量，似乎单方面就可决定关于产品的购买和使用的事情，而外围高层仿佛也不太插手管具体的采购过程，或许因为不关心，或许因为不方便，总之没有现身于大项目的决策圈，深层原因要视具体情况而定，一般而言，业内专家被请来发表见解多数是站在专业性或知名度的角度，可以加分但起不到最终决策的作用。

下面，我们将用四个圈来直观呈现四层人物的关系远近对项目的影响。其中，圈与圈的交集越大越可能是利益共同体，表明下层已经抱牢了上层的大腿；圈与圈的交集较小，代表下一层正在努力抱牢上一层的大腿，关系可能没有那么亲近；没有交集则代表，要么上层不管这个项目或不太关心下面的具体项目，要么上下层之间不那么和睦。

第一种情况如图 4—5 所示，从中可以看出执行层可能已经抱牢决策层大腿，相互间非常信任，而其他圈不与之相交，或许可以推测出外围高层要么是甩手掌柜不管事，要么彼此间不那么和睦。在这种情势下，销售人员若还依照“关系不用，过期作废”的想法，千方百计动用关系找到外围高层去打招呼，结果可能适得其反，还可能招致决策层和执行层的不满或抵触情绪：“买个啥都有人来打招呼，这地方到底还是不是我做主?!”此时，若被竞争对手抓住机会，哪怕他们只搞定了执行层，执行层都可能跑去鼓动他的老板说：“老大，这次项目关乎我们 XX 目标，X 总推荐的那家真不行啊，再说 X

总的供应商来了，我们辛辛苦苦干活多不方便啊!”高明的决策层也有自己的考虑，关键时刻到底是听甩手掌柜打来的招呼呢，还是采用多年来唯自己马首是瞻的下属的建议呢？更别说万一外围高层和决策层貌合神离的情况了。“县官不如现管”，对于销售人员来说，索性主攻执行层，通过“曲线救国”来攻下决策层或许就够了，何必劳民伤财寻找外围高层，关系好不好使，心里还没个底呢？

第二种情况如图 4—6 所示，圈与圈交集面积小，也许每一层都在揣摩上意，此时若从外围高层打一个招呼来真可谓价值连城，项目进展似乎一下子有了风向标，开展得也就格外顺利。比如，某公司老板处处打着和某分行行长相熟多年的招牌，势大气粗，与部门合作时还常训斥部门老总们这不对那不对，老总们碍于上司的面子

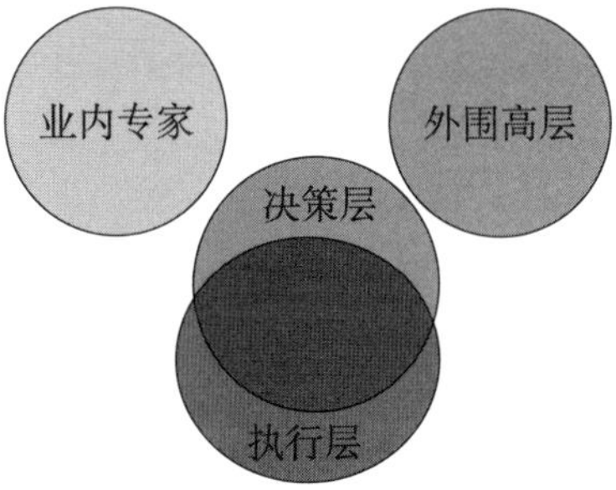

图 4—5　四层人物关系Ⅰ

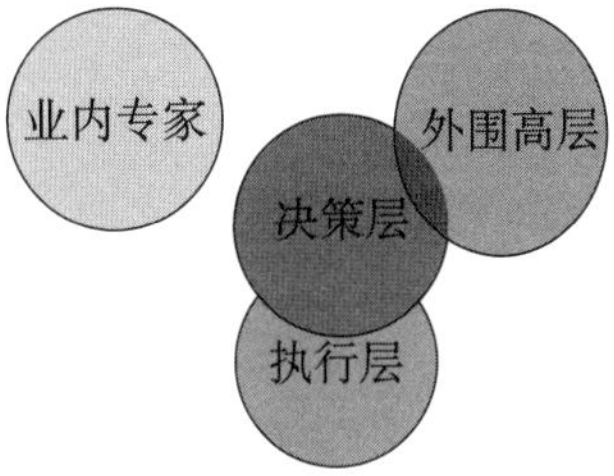

图 4—6　四层人物关系Ⅱ

只能乖乖垂首听训，反过来还要巴结他，两年间他就从这家分行承接了两三千万元的项目。其实这个老板只不过在一次公益活动时结识了该分行行长，之后做了次例行拜访而已，但由于当时分行行长刚上任，下属们尚不熟悉情况，吃不准是真是假，既怕得罪又想讨

好，于是就在不明就里的情况下被那个老板忽悠了。好在后来渐渐发现不是那么回事，虽然哑巴吃黄连有苦说不出，也只好逐步萎缩生意量，断了合作。听着挺诱人吧，随口称自己认识XXX就能成单，多舒服，可是千万别以为这招能够屡试不爽，妄图以后张张单子都靠“关系不用，过期作废”，销售人员如果一味拿诚信做赌注，输掉的可能不仅仅是生意了。

以上只是众多圈子形态中的两种。可见，“关系不用，过期作废”也不是每次都能奏效的。到底需不需要动用关系销售，何时用、怎么用都是大学问，必须根据具体情况进行准确的分析才能决定，项目不同、战况不同，圈子形态也不同。大单销售，切忌一招鲜吃遍天啊！

故事 27 传说中的狐狸

决策者不做决策，谁做决策

资深的销售在大单销售中，听到有客户打包票说：“这事包在我身上了”或者“这事我说了算”，销售通常会一边和客户打哈哈，一边心想：“这事你说了肯定不算”，“看来不能指望你，我还得看看到底谁说了算！”为什么？

因为大单往往对于客户来说也是一个非常重要的决策，大到一定的量级，就影响到客户组织内部很多人的职业前途，大家都会变得非常谨慎。特别是发起或者决定该项目的最高决策人，他往往不会亲自出马，而是派出一个代言人来主持项目，由这个代言人来权衡全局，听取各方意见做决定，这样的人我们称为“狐狸”。

狐狸在捕猎之前，深藏在草丛中，观风望色，耳朵随着周围的动静略略转动，但是它轻易不会暴露行藏，除非确定对猎物已胜券在握，才会突然从草丛中暴起发起进攻，志在必得。没有哪只狐狸会在进攻之前四处走动宣布：“我是狐狸，我要来捕猎了!”除非它是狐假虎威，根本不是代替最高决策者做决定的那个人。

代替最高决策者做决定意味着“不成功则成仁”。如果项目的决定他做对了，成功了，最高决策者该给的都会给，甚至很多项目根本就是最高决策人对接班人的考核计划之一。如果项目决定他做错了，那么后果他需要一人承担，最高决策人用“狐狸”为的就是规避这种风险。很残忍但是也很现实，有资格成为“狐狸”的人，往往是最高决策人最信任的左膀右臂。因为扛着“不成功则成仁”的任务，他们在项目中冷静、低调，深深躲藏在项目组的背后，轻易不会和供应商接触，在没有结论或者时机未到时不会轻易发表支持谁或反对谁的意见和评价，更加不会明打包票宣告：“这事我说了算”，“这事包在我身上”。

比如，笔者在《销售第一要义：不做错事》一文中描述的某大型集成商，其五维组织架构图如图 4—7 所示。

李副总是王董事长的人，也是接班人竞争中呼声最高的一位，当王董说了“鸡蛋不要放在一个篮子里”以后，他分管的销售条线

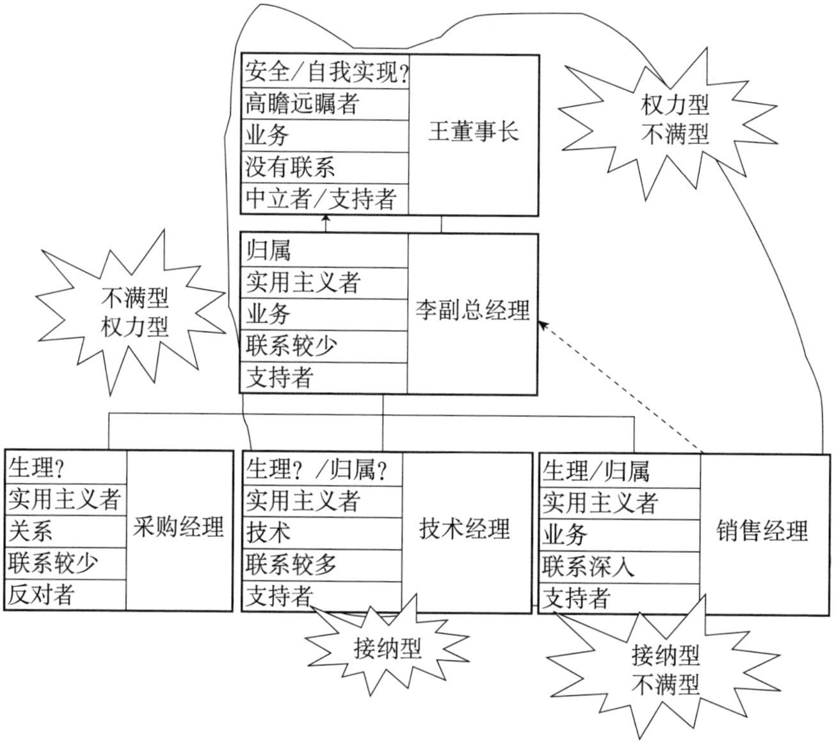

图 4—7　某大型集成商五维组织架构图

的销售经理拉来了 P 公司参与竞争，P 公司的销售美美地认为是销售经理和 P 公司的老板私交甚铁才会有这个机会。那为什么之前几次项目竞标销售经理不出现呢？销售经理和 P 公司的老板私交甚铁也不是一天两天了，是谁指挥销售经理去找 P 公司的呢？

李副总继续深深隐藏在项目深处，P 公司在测试领先的情况下，主动影响李副总，对其灌输 P 品牌、市场地位、OEM 经验等，李副总但笑不语。在进一步的选型小组组织议价过程中，采购部支持原供应商 D 公司，技术部支持 P 公司，李副总不置可否，没有表态。

P公司销售拼命寻找原因，觉得李副总对P公司印象应该不错，之所以不表态是因为原供应商D的服务标准非常有吸引力，于是连夜联手代理商提供和D公司一样的服务标准，并在第二轮议价中，提供了比D公司更好的价格，而D公司到此都还以为是老客户嘛，之前几轮竞标都是走走过场，最后还是自己赢，而没有任何动作。

但笑不语、不置可否的李副总在把P公司的底牌全部逼出来之后，安排自己的亲信销售经理在客户内部沟通会议中，对于原产品线和D公司的OEM系统提出了一些质疑，包括系统稳定性、兼容性等方面的问题，把D公司的问题暴露了。得到内部消息的D公司坐不住了，开始做选型小组的工作，更改标的、调低价格。P公司得知D公司下调25%价格后，立刻投诉到李副总，说D公司改变游戏规则，调低价格，是否意味着贵公司之前与D公司合作的价格过高？李副总立刻向王董事长汇报此情况，第二天李副总代表公司宣布和P公司签约。

李副总就是这个项目中的“狐狸”，从头到尾深藏不露，不置可否，但在关键事件发生时跳出来做了致命一击，否决了D公司，P公司赢单。

这个项目输赢的关键就是如何打动李副总的心，但是搞定这只狐狸就只有案例中描述的方式吗？也只会是这个结局吗？事实上，在这个项目中，不论是P公司还是D公司都没有洞察这只狐狸真正的内心：王董事长希望两条产品线能够有不同的硬件合作伙伴，觉得鸡蛋不能放在一个篮子里，不想将来在公司如此核心的OEM业务上受到硬件厂商的挟持，那么如何通过选型来让王董事长放心，这才是李副总时时刻刻都在考虑的问题。

因此，D公司应该做的是，让李副总觉得鸡蛋都放在D公司的篮子里也不会有问题，也很安全，甚至更安全，他就会力挺D公司，去说服董事长。P公司应该做的是除了证明自己是和D公司同等量级和提供相同服务标准的供应商外，让李副总觉得鸡蛋确实应该分开放才更安全，这样李副总会力挺P公司。可惜只关注推销和表面的选型需求的两位“会说话的产品说明书”类型的销售，并不能洞察表面选型需求背后真正的安全需求，P公司忙着给优惠价，D公司一开始没反应，后来也忙着降价，这不是高手过招，这纯属“怂人背后还有怂人”啊。P公司的销售至少意识到了李副总是关键决策人，忙着去获得李副总的心，D公司的销售一直和采购部紧密沟通，都没有意识到李副总的存在价值。从这一点来说，P公司赢，D公司出局就是必然的了。

你在做大单的过程中遇到过“狐狸”吗？你是怎么搞定这位代替决策者做决定的“狐狸”的？

对于大单销售，敏感地察觉客户组织架构中有没有“狐狸”存在，判断谁是“狐狸”，是销售的重要工作之一，也是制胜要诀之一。找到了“狐狸”，要充分认识到“狐狸”的狡猾和隐蔽的心思，通过五维分析去洞察“狐狸”的真正需求，打在他真正的关注点上，赢得战役！

5

做对事，步步陷阱

关键词

要求与需求

业务价值框架模型（BVF 模型）

建立标准或影响标准

核心方法论

BVF 模型示例

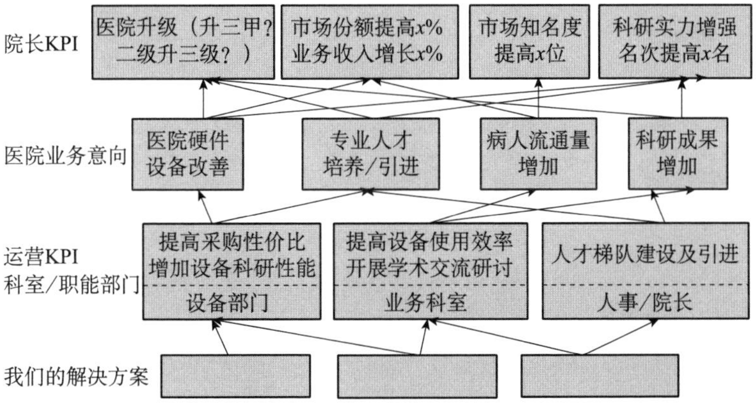

标准的样例

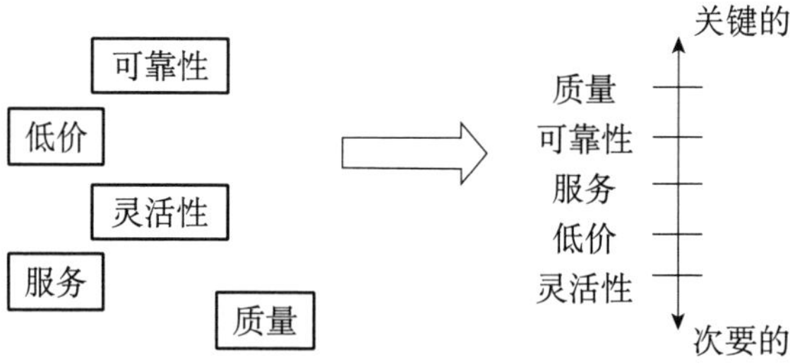

客户深入考虑自身的需求和标准，然后决定最重要的因素。

章节要点

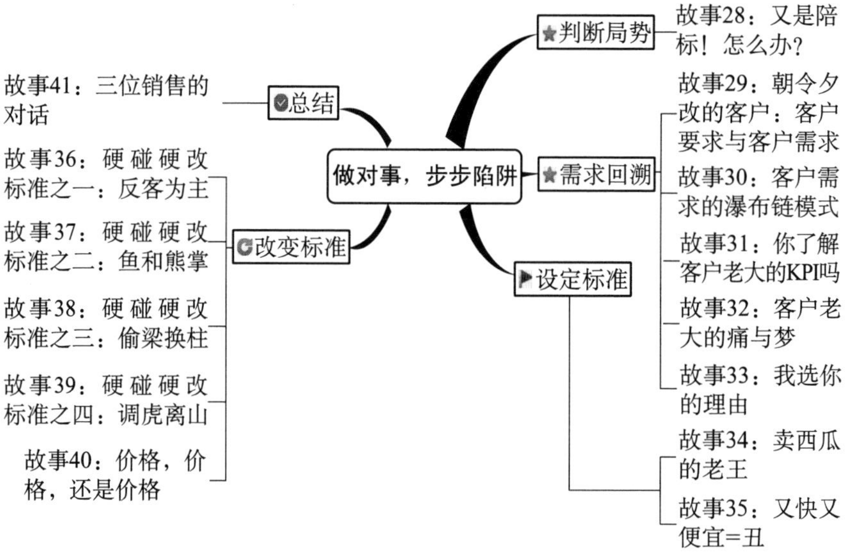

故事 28　又是陪标！怎么办？

陪还是不陪，为什么

老钱这周突然接到一家银行的电话，表示他们正在进行一个零售银行旗舰网点的规划和建设项目，邀请老钱所在的公司去参加下周二的竞标。老钱懵了，这不摆明拉自己去陪标吗？于是表示时间这么短，实在来不及准备标书，想委婉谢绝。对方立刻安慰老钱：不用担心，我们没有任何倾向，之所以这么晚找你们，是因为我们刚刚知道我们合作的国外一家银行的“未来银行”项目是你们做的，所以联系晚了，但还是真诚邀请你们务必参与。老钱看着对方发过来的标书，去还是不去？

熊小姐也遇到了同样头疼的问题，某医院的彩超项目，自己介入的比较晚，竞争对手做了很充分的工作。该医院主管彩超招投标项目的副院长对熊小姐很不客气，一见面就问：“你给我推荐的这个机型的市场占有率是多少？”“你们这个市场占有率明显不如 XX 公司嘛！”对熊小姐不假辞色，这眼看就要招标了，估计是没戏了，这单还做吗？

如果我们和客户从接触开始到需求阶段，达成了充分的共识和信任，那么走入竞标阶段时就可以帮助客户建立采购标准，大部分情况下，这种运作之后的竞标都会成为一种场面上的形式而已。

然而现实中，很多时候我们是落后的那一方，要么了解到需求的时间晚了，要么在需求阶段的竞争中我们没能获得客户的青睐，客户极有可能已经建立好自己的采购标准。这一般会分为两种情况：

1. 一种情况是客户在经过广泛论证和调研后自己建立了采购标准。比如，老钱遇到的情况。

2. 还有一种情况，也是更糟糕的情况，就是竞争对手帮助客户建立了采购标准，我们通常形容这种情况下拿到的需求书或者投标邀请上的各项要求都散发着浓浓的竞争对手的味道。比如，熊小姐遇到的状况。

拿到这样的采购标准，销售们也有四种反应：

1. 削足适履。也就是想尽办法回去和资源闹，想尽办法去满足客户的采购标准，事实上，你和资源再闹也没有用，因为再满足也是别人写的标准，我们总会有些方面不够匹配，输面还是很大，闹只会伤害了我们的宝贵资源，实在没必要。

2. 恕不奉陪。即明知道是陪标，销售的时间也是宝贵的，当然应该花在有回报的地方，干吗费劲去陪标啊。按照《招标投标法》，一般必须有三家公司参与竞争，你一口回绝不去陪标，如果这是一个潜在的大客户，那下次你会不会连陪标的机会都没有呢？

3. 落个人情。即明知道是陪标，干脆挑明问："你是不是需要我来陪个标？""没问题，那有什么需要我注意的吗？"来一场完美的陪标，客户对你的表现心知肚明，自然也就欠了你一个人情，我们要换取的不过就是下一次机会提早在需求阶段就通知我们，让我们也有机会公平竞争一下。

笔者遇到过一个项目，该项目的某银行人力资源部已经基本属意某供应商，拉了另外两个供应商来陪标，又不能挑明叫他们来陪标，就暗示其中一个价格特别低的供应商："你们还是一家很优秀的公司，我下面还有个项目很适合你们。"结果该供应商的销售没听懂客户的言外之意，误以为客户非常欣赏他们，回去特别和资源申请，在竞标中报了一个更低的价格，导致客户真正属意的某供应商因为价格问题失分严重。客户非常恼火，不得不找理由废标再招，再招时特别把技术标和商务标分开，技术标不过关，商务标就不用谈了，技术标过关的才会进入竞价环节，用这个方法一脚踢掉了那个不懂事的供应商，从此再没给过他们任何机会。

这就是有些应该“落个人情”的标被玩成了搅局的标，通常都会彻底葬送客户关系。

4. 砸场子改需求。一听到“砸场子”有些销售就紧张了，不是说别搅局吗，怎么还能砸场子呢？这不会彻底葬送客户关系吗？“砸场子改需求”指的是如果你确定客户并没有倾向，如老钱的情况，或者客户对某些供应商有倾向但并没有达到“政治盟友”的境地，只是先入为主，对竞争对手有偏好，如熊小姐的情况，那么你就可以尝试用重新开发需求的手法来重塑客户的采购标准。

什么叫做“重新开发需求”的手法？指的是我们先不用管客户现在的采购标准是什么，以及对我们有什么成见，让我们回到项目本身来研究：客户为什么要立项？客户遇到了什么麻烦？或者需要实现什么梦想？客户到底应该建立什么样的采购标准？目前客户的采购标准是不是正确的？我们的优势是不是更适合客户实现其梦想或者解决其麻烦？如何根据我们的优势让客户回到需求本源重新设立标准，从而认识到我们的优势？

比如，以老钱的项目而言，老钱研究完标书后发现，整个零售银行旗舰网点的规划和建设项目，现在招的只是第一期标，即零售银行旗舰网点建设策略。客户真正要的是什么呢？客户要的是在“互联网+”的时代，零售银行应该如何转型，还需不需要零售银行旗舰网点？旗舰网点和普通网点的定位有什么不同？如果要开，零售银行旗舰网点到底应该开在哪里？为什么？应该装修成什么样？为什么？如何落地、培养员工、成功营运？等等，而不仅仅是一个几百页的PPT来谈零售银行旗舰网点的建设策略。一个PPT并不能让一家银行真正解决零售银行旗舰网点的规划问题。

当老钱找到这家银行要做这个项目的根本需求之后，彻底明白了为什么客户苦苦寻找给国外银行做过“未来银行”设计的老钱所在的咨询公司，因为客户想要知道在中国，未来成功的零售银行是怎样的。于是，老钱有了“砸场子改需求”的竞标策略：老钱在竞标现场，面对在座的十几位中高层领导，明确指出该银行要的不是一个PPT，要的是一家落地成功的旗舰网点，该旗舰网点代表领先的零售银行转型方向，如果找我们做，报价1 000多万元，从策略到落地我们全包，确保网点开设营运成功，这不是这一标所规定的不允许超过130万元能满足的。

老钱讲完标之后说，如果过两天就开标，这标我们就没戏了，如果推迟开标，那就有戏。果然，这标拖了两周多，可想而知客户内部听了老钱的讲标后产生了巨大的争议和触动，之后客户废标再招，该项目花落老钱所在的咨询公司，整体项目扩充到了4 000多万元，一期1 000多万元。

再谈熊小姐的项目，熊小姐研究发现该医院正在新建一座基建大楼，同步招投标很多设备，都被均分给了各方招呼来的各家供应商，唯独两台彩超，不受招呼和关系左右，控制在副院长手中，原来副院长是院长从美国挖回来的，主攻超声科，医院打算从超声科入手在医学研究上有所建树，从而扩大影响力，吸引更多病人。副院长一直想买最先进的彩超设备，而熊小姐的竞争对手公关副院长时提了一个概念，那就是装机量最大的设备一定是好设备，因为各大医院都认可，因此副院长才一见熊小姐就问：你推荐的机型装机量多大？市场份额多少？

研究到这里，熊小姐心花怒放：最先进的设备，往往都安装在顶级的医院，装机量不可能大，市场占有率也不可能高，于是熊小姐应用了“砸场子改需求”策略。熊小姐带了某中国顶级三甲医院的方案和装机报告去见副院长，表示最好的机器要在最好的医院找，这种机器装机量都不可能高，因为物以稀为贵，一般医院根本用不到这么贵的机器，您要是真要最先进的设备，我给您介绍我们在这家顶级三甲医院装机的彩超。副院长拿到报告，两眼放光，拉着熊小姐开始仔细研究。两个月后，这家县级医院砸重金订购了中国顶级三甲医院才有的顶级的彩超，熊小姐顺利拿下了该项目。

你看，所谓“砸场子改需求”，砸的是竞争对手的场子，改的是不符合客户根本目的的需求。这种帮助客户回到需求的根本来重新研究采购标准的销售，客户只会心怀感激，又哪里会损坏客户关系呢？

因此，陪标并不可怕，关键是你知不知道为什么要陪标？应该怎么陪标？是真陪标还是假陪标？还是去“砸场子改需求”？

故事 29 朝令夕改的客户：客户要求与客户需求

儿童对话与成人对话

很多销售都有过这样的经历：

昨天客户还说要 A 产品，今天就改主意让销售介绍 B 产品。

还有些项目，客户整个项目组都被拉去基地专门考察过产品了，回来不到两周需求又改了，这前三个月白忙活了，还得重新安排考察。

更不要提那些忙活完还挨骂的闹心事了：和客户明明达成共识说要一个解决 A 问题的方案，熬几个通宵拿着方案美滋滋地去开会，结果被客户一顿臭骂，说我们明明要解决的是 B 问题，你们怎么到现在都不理解客户的需求？怎么做供应商的？

发生了什么？客户是甲方就可以不讲道理？还是客户就是善变的，朝令夕改很正常？还是我们和客户对同一件事情的理解出现了偏差？更可怕的是客户会不会自己也没搞清楚到底要什么？

撇开个别麻烦的客户和刻意要收拾某个供应商的客户不谈，通常如果销售急于去满足客户的要求，把客户的要求等同于需求，甚至奉为圣旨纶音一般去操作，就很容易发生以上各种令人无语的情况。

客户的要求通常表现为“我们需要一个有关销售定价的培训”，“2M 带宽不够，我们要进行专线扩容”，“你们有没有可以实时定位的终端设备？”等等。客户要求都明确陈述了客户的意图，往往会提出明确的数据、参数、时间甚至预算。

客户的需求通常表现为“我们的销售队伍老是瞎承诺很多服务，还不断拉低价格！”“我们的视频会议老卡，上次老总很不高兴，表示整个信息化是不是应该重新规划一下！”“我们的出租车、货车、搬家车那么多，每天放出去都不知道在哪里，很难派单，也很难管理”等。客户需求一般是客户对于目前存在的问题、困难及不满的状态陈述，往往会提出要求的原因，希望解决的问题，长期目标等。我们又称客户需求为客户要求背后的原因。

我们把客户要求和客户需求对应分析一下，很快就会发现一些问题：

1. “我们需要一个有关销售定价的培训”，如果我们满足了这个客户要求，就能解决“我们的销售队伍老是瞎承诺很多服务保证，还不断拉低价格”的问题吗？

2. “2M 带宽不够，我们要进行专线扩容”，专线扩容完成了就能解决视频会议老卡的问题，但是老总的信息化重新规划的要求满足了吗？

3. “你们有没有可以实时定位的终端设备”，购买了能够实现实时定位的终端设备，但没有相应的物流软件系统，也不能和客户的销售订单系统打通，就能解决客户的车辆派单管理问题吗？

再深入研究一下，我们还会发现，往往爱提出客户要求的客户都是企业的中基层，他们认为自己已经领会了领导的意图后，就会找供应商来提出明确要求，但是随着项目的进行和领导意图的深度展开，这些要求可能变化甚至是颠覆性的变化。比如：

1. 这个销售队伍需要的并不一定是销售定价的培训，还有可能是需要“顾问式销售”、“销售谈判技巧”等培训，完全要看这些销售人员到底是因为缺失什么能力才造成的瞎保证、拉低价的问题，甚至还有可能是销售管理上的缺陷所导致的。也就是在客户需求背后还有原因。随着深入挖掘这些原因，这个客户所要求的培训课题甚至培训对象也会不断改变。

2. 老总可能期待的是下属拿出新的 3 年信息化规划，重新打好信息化基础，如果下属拿了个专线扩容的方案去，多半会挨骂，然后供应商也会被骂，方案完全推翻。

3. 询完实时定位终端设备的价格，客户还会再询系统的价格，还会深度提问如何和销售订单系统打通，客户的问题像割韭菜一样一茬一茬没完没了地提出来，销售的方案也不得不随时调整内容和价格。

那么，面对客户要求怎么办？销售在和客户的中基层打交道时，特别是初次打交道，在接到客户要求时需要格外谨慎，不能仅仅去回应要求，而需要回溯需求。

销售回应要求的行为表现是相信客户的要求是最佳选择，按客户的要求行事。展示销售能力的动作是证明自己可以把客户的要求做到最好，于是很容易掉入“不断更改方案、价格重新算了又算”这样吃力不讨好，客户既不欣赏内部资源，也对我们不太感冒，项目还是遥遥无期的泥淖。

回应要求这种满足客户要求的方式，我们称之为“儿童对话”。

就像妈妈问孩子饿了吗？孩子饿了就回答饿了，不饿就回答不饿。很多销售和客户之间的互动就如同这种“儿童对话”，客户问什么就回答什么，客户要求什么就做什么，不问背后的原因和真正要达到的目的。

销售回溯需求是怀疑客户的要求不是最佳选择，追问要求的原因，甚至原因背后的原因以及项目的时机。展示销售能力的动作是证明自己可以诊断和解决客户的问题，用让客户舒服的方式帮助客户明白解决问题背后的原因更重要，而不是仅仅解决问题本身。

回溯需求这种解决客户问题的方式，我们称之为“成人对话”。妻子问丈夫：“我穿这件衣服好看吗？”回答好看是敷衍，回答不好看是找吵架，不回答更糟糕，最佳方式是回答：“来，转一圈给我看看，嗯，太好看了！”这是因为妻子问丈夫问题的本质原因是希望得到关注，而不仅仅是赞美。在工作中，又有几个销售能够不问问题背后的原因就能找到本质所在呢？我们一定要学会问客户：“为什么？”“什么原因需要……”“要达成什么目的？”“谁提出的要求？”等这些研究问题背后的原因的问题。

毫无疑问，回溯需求的沟通方式，能够让销售显现出顾问价值，而不仅仅是会满足要求的“会说话的产品说明书”，而且通过这样的沟通确定的客户需求比较稳定，不太会变化，这样我们就能摆脱所谓“客户的需求老是朝令夕改”的困境，也不用冒着老是得罪资源的风险修改方案、安排参观考察了。

回溯客户需求的“成人对话”，你学会了吗？

故事 30 客户需求的瀑布链模式

高层、中层和基层在一个项目里的需求一样吗

周珊珊是某全国性商业银行的一位资深客户经理，最近她听说 X 家具公司换了财务总监，感觉机会来了。X 家具公司隶属 X 木业集团，整个集团有百亿元的规模，集团刘董事长的老臣子王副总兼任 X 家具公司的总经理，要想切入 X 集团，从 X 公司入手是个非常好的切入口。X 公司过去的财务总监非常保守，一直和某国有银行和某地方性商业银行保持常规的合作，周珊珊所在的银行公关几年也不过就是有个 500 万元的授信额度，X 公司还从来没用过。这次 X 公司财务总监换人，是不是机会来了？周珊珊决定赶紧去走访 X 公司的相关人等，看看怎么突破。

可是，周珊珊到 X 公司一通走访以后，反而更糊涂了：

小张，X 公司的财务经理，非常热情地接待了周珊珊，提出了财务管理上很多更新的想法，表示原来的财务总监太保守了，才被王总换掉的，这次新财务总监上任，一定会有财务管理上的很多新动作，期待新的银行给我们出好主意啊。

严总，X 公司的财务总监，拜访的整个过程中话不多，也没感觉他要做什么革新动作，还表示由于 X 公司过去与其合作不多，让她多走访几个部门，深入了解情况，再来提方案的事。

武总，X 公司的北美销售总监，拜访严总出来时在走廊上遇到，严总给介绍了一下，打了个招呼，换了张名片，没想到隔天武总就

亲自打电话来问能多快办理5 000万元流动资金贷款？武总这边看起来很着急，可是没有听财务部任何人提起过啊。

王总，没能拜访到，出差了。不过从财务经理小张那里侧面了解到，新来的严总是王总的EMBA班同学，王总力邀来的，听说在这之前王总被刘董说过一顿，不知道是不是有关X公司的财务管理太保守这个问题。

怎么回事？X公司到底需要什么金融服务？怎么每个人说的都不太一样啊？

如果我们了解了什么叫做客户需求的瀑布链模式就会觉得这很正常。为什么？

让我们打个比方来说，假设某客户，董事长叫来总经理骂了一顿，总经理再骂副总，副总再骂部门经理，部门经理再骂手下，骂的内容一样吗？肯定不一样！董事长骂总经理的原因和需求是总的原因和需求。在逐层骂下去的过程中，这些原因和需求，会根据不同的职位和职能逐层拆解，到了底端部门经理再骂手下的原因和需求已经被拆解成董事长骂总经理的原因和需求的一个部分而已了！

所谓客户需求的瀑布链模式是指，即使在同一个项目中，在客户的整个组织架构链条上，从上到下以及平级的不同部门有不同的需求关注点。组织架构的顶层是总的需求关注点，顶层需求关注点会按照整个组织架构的职能逐层拆解成各个部门的需求关注点。

然而糟糕的是，我们大部分的销售打单都只接触客户的中基层，无法触及客户的高层，于是我们看到的需求是碎片化的，也就是不同的部门有不同的需求，不同的职级有不同的需求。于是在同一个项目里，A 说要甲，B 说要乙，这个时候很多销售会感到很困惑：你们到底要什么啊？

周珊珊进攻的 X 公司项目就是这样的。怎么办？我们可以用客户需求的瀑布链模式把 X 公司项目的需求重新串联一下，如图 5—1 所示。

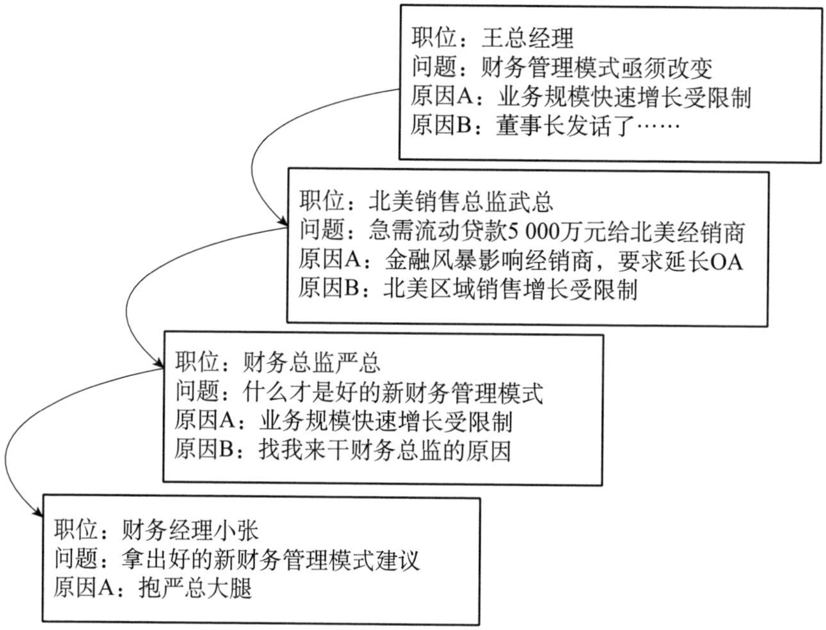

图 5—1　X 公司的客户需求的瀑布链

财务经理小张，着急的是怎么给严总出谋划策，显得自己急老板之所急，因此上赶着找我们要建议。

财务总监严总，知道新财务管理模式的搭建是为了助力业务的快速增长，自己刚到，需要先深入了解 X 公司的业务情况，也建议我们好好深入研究了再给方案。

北美销售总监武总，马上面临下半年出货的问题，北美市场经销商受金融风暴冲击，纷纷要求延长 OA，帮助解决资金问题，武总不想延长 OA，那就得帮经销商找到钱。

王总经理，因为财务管理模式亟须改变才聘来了严总，过去的财务总监的保守财务模式制约了公司业务的发展。北美市场只是其中显现的一个问题而已。

周珊珊通过客户需求的瀑布链模式把 X 公司的需求理清楚以后，脑洞大开，赶紧找后台的金融专家，先找严总，给出了我行服务的类似 X 公司这种高速发展中的企业的成功案例做参考，然后在严总的带领下去 X 公司甚至 X 集团做业务上的深入调研，先看看董事长和王总心中的业务发展方向和规划，再了解 X 集团和 X 公司目前的业务实际和财务基础，一边着手帮助 X 公司规划助力业务发展的财务管理方案，一边先速战速决帮武总解决眼前面临的贷款需求。眼看着，拿下 X 公司是胜券在握了。

如果我们的单子打在客户的中基层，客户需求的瀑布链模式有助于我们了解这些中基层的需求背后还有更高层的原因，我们要做的就是去摸清背后到底是什么原因，这样解决方案就会自然浮出水面。不然不但拿不出真正帮助客户解决问题的方案，很多时候还会发生“A 部门要求马儿跑得快，即对项目高标准、高要求”，而“B 部门要求马儿不吃草，即项目预算很少或者卡得很严”，让销售无所适从，难以应对。

那么，你了解你所接触的中基层客户部门需求背后的高层需求吗？怎么了解呢？

故事 31 你了解客户老大的 KPI 吗

需求定位神器 BVF

见老大，是每个销售都发怵的一件事，曾经有位销售形容：见到的老大基本可以分为两类：一类是老大不说话，从头到尾不说话，或者只说不着边的话，剩下销售在那里不断说，越说心里越发毛，因为真吃不准这位老大到底是感兴趣还是不感兴趣；第二类是老大说话，可是老大一说话，销售更犯晕，因为老大说的内容，听起来好像跟销售能卖的产品没什么关系啊，这可怎么办？

比如，某家以出口为主的上市企业，计划投资十几个亿新建一座工厂，其中车间装箱和码垛生产线自动化项目吸引了数家厂商前往竞争，经过一番斡旋，B 公司获得了面见总经理的机会，这位总经理说话比较直接，提出：

1. 自己如今希望带领公司发展再上一个台阶，也给员工打造更好的发展空间，因此设备要好，要跟得上公司的发展。

2. 目前总感觉设备供应商和下属的关注点都不在如何帮助公司盈利发展，只有他关注，因此他对设备的要求是苛刻的，对品质、方案、服务都有要求。

遗憾的是，B 公司的销售对总经理所谓的公司发展和怎么帮助公司盈利全都说不上来，不敢就这个话题展开讨论，关注点很快转移到具体的细节上，总经理表示你们还是找我们负责这个项目的邱总好好聊聊吧。没多久，B 公司被告知项目已经给了另外一家公司。

见老大就是这样，很容易不成功则成仁，见得好，项目基本就定了，见得不好，基本就没戏了。那怎么办呢？

没有金刚钻，不揽瓷器活。我们可以通过业务价值框架（business value framework，BVF）这个需求定位神器来透视：

1. BVF 第一层：高层 KPI（关键绩效指标）。老大的 KPI 是什么？

2. BVF 第二层：客户的业务意向。老大为了完成自己的 KPI 要做什么？

3. BVF 第三层：职能部门和运营 KPI。老大把要做的任务拆解在哪几个部门，对它们有什么 KPI 考核的要求？

4. BVF 第四层：我们的解决方案。我们应该给出什么解决方案。

5. 再用箭头把每一层之间的关联表现出来。

如图 5—2 所示，这样提供出来的解决方案，我们很容易看出应该面对中基层讨论什么、推荐什么。比如这个医院案例，见了设备科人员，根据设备科的 KPI，我们要谈性价比，如何提升设备的科研性能；见了业务科室人员，根据他们的 KPI，我们要谈设备的临床使用率，谈怎么帮助业务科室开展学术交流研讨。读到这里，懂医疗设备销售的读者们可能会说：机器科研性能和临床性能兼顾，还要性价比，这个很难做到啊。别着急，BVF 的一个重要作用就是帮助我们做出满足各方需求的方案：如何打包买一批设备，或者帮助医院做购买规划，我们可以有梯次地设计哪些科室什么时间应该添置或更新什么设备，是科研为主还是临床为主？打包购买才能申请到更优惠的折扣，才能帮助医院解决性价比的问题，一个八方都要圆的方案不是不可以做，关键看要做到哪些方面都圆，这个就要看 BVF 里面高层和各部门 KPI 的要求了。销售最怕的不是做不出方案，而是摸不清楚真正的需求就做方案，不是吗？

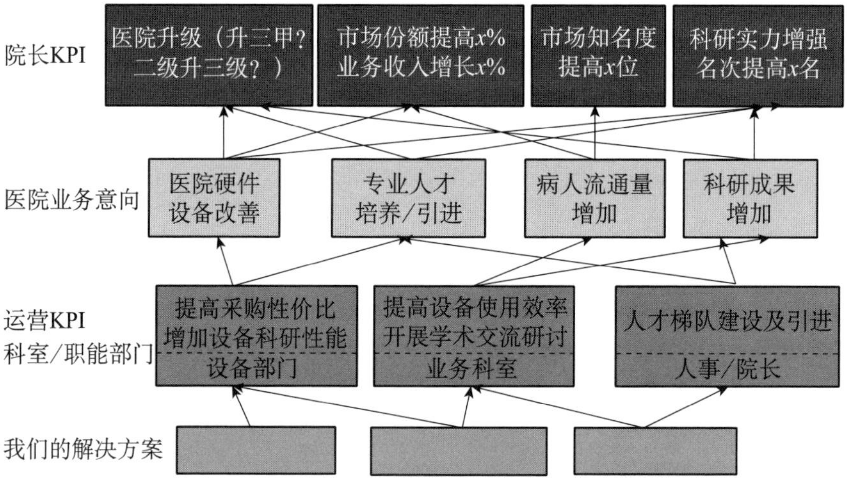

图 5—2　BVF 案例

同样，面对老大，讨论和推荐的就应该根据老大的 KPI 来设计。还是以这个医院为例，我们要和院长谈这些设备如何帮助医院实现升级的目标，还要谈我们将如何帮助这家医院提升科研能力，从而提高市场知名度和业务收入。方案其实还是那套提供给科室的方案，并没有换方案。BVF 不仅教会我们如何根据客户的 KPI 设置方案，还教会我们如何根据不同客户的不同 KPI 介绍方案。这样就不会发生 B 公司销售这种去了才知道老大要什么，等老大说了要什么，却因为方案准备不足而完全接不上话的情况了。

我们怎么知道老大的 KPI 呢？中基层的 KPI 好摸，我们平常主要沟通的都是中基层，很容易摸出来，老大可不容易见，可 BVF 模型的第一层结构就是要摸清老大的 KPI，怎么办？

摸清老大的 KPI，有三种手法：

1. 所谓高层 KPI，一般与客户的级别评定、市场地位、业务收入、科研实力和人才引进等相关。所谓客户的业务意向，一般指客户为完成 KPI 而立项的业务举措、项目或业务策略的描述等，在客户一把手的年终或者年初讲话中基本都可以找到，而很多大企业和政府部门的年终/年初讲话基本都在网上公示，如果没有公示，那就需要找你客户的内线要了。

2. 使用客户需求的瀑布链模式中通过现象看本质的方法。通过中基层的 KPI，透视背后的原因，来找到这样要求中基层是因为要做什么事情，这些事情就是客户的业务意向，做这些事情要达到什么目标，这些目标往往就是高层 KPI。

3. 高层访谈。很多时候客户的中基层都在揣摩老大想什么，除非找到真正的老大身边人，如第 4 章《传说中的狐狸》一文中的“狐狸”，否则对老大的需求总流于揣测，而“狐狸”可不会轻易告诉你老大真正想要的是什么。那么在提供方案以前，以调研的名义对老大进行高层访谈，是一个最简单直接的方法来获取他的真正需求，即高层 KPI。就是要小心：去访谈高层以前不能什么都不知道，要了解基本的背景信息，规划好访谈路径，还要想好做什么样的信息交换来证明自己的价值，这个访谈可不好做。

总而言之，找准客户老大的 KPI，绘制该客户的 BVF，让我们能够更精准地定位客户需求，设计出满足各个层次客户需求的解决方案，更好地帮助我们理顺和不同层次的客户谈话的重点。BVF 模型实乃客户需求定位神器也。

故事 32 客户老大的痛与梦

是什么让老大夜不能寐，是什么让老大欢欣鼓舞

在上一篇《你了解客户老大的 KPI 吗》一文中，我们探讨了如何通过 BVF 模型来寻找和定位客户老大在业务上的决策关注点。本篇文章我们所要探讨的是客户老大这个个体全方位的痛与梦，从“老大是如何成长为一个老大的”到“老大每天在想什么”，以及“老大想听的是什么”，让我们透彻地研究一位老大，以帮助所有的销售克服见老大的恐惧，同时建立成功获得老大信任的信心。

曾经有一位资深销售总监笑道：但凡是老大，三个痛点必中其一：

1. 多年透支劳顿，为企业呕心沥血，身体不太好。

2. 多年扑在企业上，忽略了家庭，夫妻关系不太好。

3. 多年扑在企业上，忽略了孩子的教育，孩子不太有出息，觉得愧对孩子。

有文章做过统计，全球 500 强的老大们，多数出身于两条线：财务线或者业务线。

这两个对老大的研究结果，真假姑且不论，它们能够告诉我们两个很重要的信息：

1. 老大之所以能成为老大，一路上牺牲了很多。

2. 老大之所以能成为老大，历经千锤百炼，早就修炼成火眼金睛，千万不要在老大面前耍销售的小聪明。

很多时候，不是客户的高层不待见销售，而是他们在销售那儿有过太多次苦涩的经历：很多销售爱跑来推荐产品，老大们感觉这些销售完全不了解他的痛；还有很多销售爱给出没有切实方案的空头承诺，让老大们感觉在浪费时间。

让老大夜不能寐的痛，从来和销售的产品和解决方案没有什么关系，而是那些战略、政治、财务乃至内部管理的种种考虑。

比如，A集团董事长晁董最近有些烦，在香港上市的A控股公司最近几天股价连续暴跌，明明A控股公司刚刚公布了年报，收入、利润都几乎翻番啊，怎么回事？经打听是分析家认为A控股公司可能存在虚增销售和利润，应收账款大幅度增加，经营性现金流量大幅度减少，有财务造假的嫌疑。

其实A公司是为了提升销售业绩，在销售部的大力倡导下，出台了对客户的信用支持政策，对部分经济实力较强、加工业务量比较充沛、全价购买（一次性付款可以享受标价的九折折扣）的客户经过信用评估给予了首付50%，其余货款1～2年每月分期付款的赊销政策，促进了节能型塑机销量迅速攀升。由于这种塑机加工能力强且省电，业务量充沛的用户基本上可在一年或一年半时间内收回成本，客户付款都很正常。然而，随之带来的是账务处理上的应收账款暴增、经营性现金流量减少的问题。如果取消赊销政策，将引起销量短期内大幅度下滑。

可是，按照这样的跌势估计到半年报时，股价可能会跌去 5～7 成！去年存量股票增发时，晁董事长曾经与国际著名投行签订了对赌协议，如果股价下跌到这个价位，晁董需要向国际投行支付增发股数 30%～50%的股份，这可不是几亿港币可以解决的事情，搞不好连控股权都有可能失去。想到这里，晁董事长头上冒出了冷汗。怎么办？

银行的客户经理看到这里可能就笑了：这太简单了，最简单的应收账款保理产品就能解决这个问题，迅速挽回股价下滑的趋势，还能提早帮助 A 公司解放大量现金流。

笔者想问的是：A 集团这么大的规模，没有主打服务的银行吗？它的主打行为什么在 A 集团业务发展过程中没有能够预警和提示赊销政策有可能引起哪些隐患呢？为什么也没能在股价暴跌时迅速现身给予帮助呢？除了现在摆在桌面上的这些问题，还有哪些问题是该主打行没有关注到的呢？还会不会有其他很多让晁董事长睡不安稳或者心生向往的事情这家银行也压根儿没上心或者不知道呢？这样的主打行，晁董事长满意吗？再来一家银行，也这样服务，晁董会换吗？谁又懂得晁董心中真正的痛呢？业务高速发展和扩张的民企，需要的不是提供金融产品的银行，而是能够提供金融顾问服务的银行。

很多银行的销售，关注的就是怎么把客户的资金存在自己的银行，或者把自己的资金贷给客户换取利息，换成其他行业的话就是：怎么把自己的产品或方案卖出去。有多少销售真正关注客户的业务发展，愿意成为客户的业务顾问，真正帮助解决老大的痛，实现老大的梦呢？如果在业务上销售都不能贴身关怀的话，就更不要提理解和帮助实现很多国企、政府、外企的客户在业务之外的个人仕途上、政绩上的很多考量和理想了。

因此，研究老大的痛与梦的前提就是：请真正关心老大们每日的所思所想，而不仅仅是关心你自己的产品和解决方案。

有了这个前提，老大的痛与梦很容易解决。无外乎如何获得公司和个人的双重成功，解决公司和个人双赢的成功道路上的障碍和困难。通过 BVF 模型和需求的五维分析模型很容易定位清楚他们在公司业务上要达成什么，在公司和个人的多重需求上要实现什么。

当然，再深入研究，我们还会发现，客户在什么样的年纪坐到老大的位置，是一帆风顺地坐到老大的位置，还是几经沉浮坐到老大的位置，其对公司和个人双赢的需求、对待项目和供应商的态度和角度都会不同。对于这些，我们不仅仅需要学会从老大本身理解，更要从老大的周围环境入手去理解他的痛与梦，如图 5—3 所示。

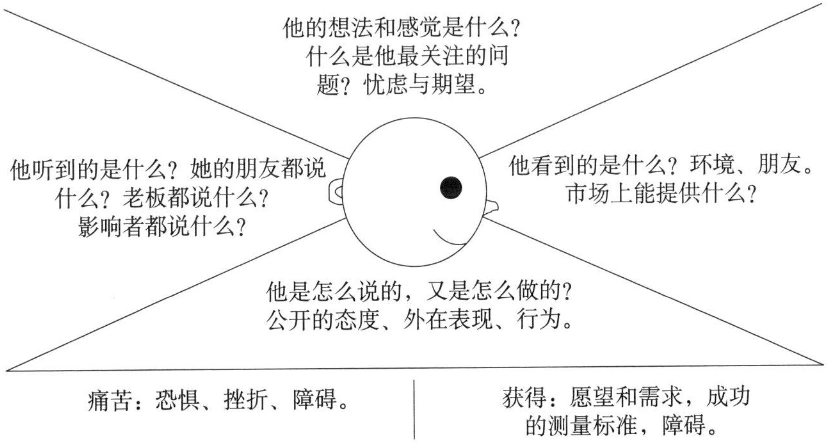

图 5—3 老大的痛与梦

看老大所看到的，听老大所听到的，研究老大所说的，站在老大的角度去思考：是什么让老大夜不能寐，是什么让老大欢欣鼓舞。然后研究如何才能让老大睡得安稳和心想事成，销售们才能心想事成。

最后，让我们牢记向高管销售的四大原则：

原则一：客户往往基于严谨的逻辑流程，以情感做决定。痛老大之所痛，梦老大之所梦，老大的情感才会向你倾斜。

原则二：对等的商业高度，而不是对等的商业头衔。能够和老大站在一个高度思考战略、政治、财务和管理问题，才会成为老大的顾问。

原则三：高处不胜寒，高层是竞争对手最少的地方。大部分销售都做不到抛开产品和方案帮老大看问题，你一旦能做到，几乎稳操胜券。

原则四：高层不喜欢被销售，但是他们喜欢购买。老大购买是因为他的痛与梦，我们搭建好他的痛与梦，购买自然会发生。

故事33 我选你的理由

什么是客户的买点？什么是客户的卖点？

B先生，某领域省内著名专家，某央企德高望重的老副总，享受国务院特殊津贴的老专家，被调到某部委任顾问后还被总经理请回党委会，对企业正在进行的高端设备采购给点专业意见，B先生还了解到企业除了想买一个高端设备之外，还面临着一批老机器的维修和升级问题。于是，B先生在党委会议上提出了购买高端设备必须符合三个标准：（1）技术领先；（2）品牌统一；（3）服务连贯。震惊四座，因为这些标准完全排除了该企业老合作伙伴E公司的其他竞争对手，等于必须和E公司合作，这引起了很大的争议，但党委会研究下来这样的采购标准能够保证：

1. 成本最低。不仅指采购成本，而且包括使用以及维修成本；不仅指硬件成本，也包括企业使用设备、培训使用人员的软性成本等。

2. 最解决问题。这样维修老设备、升级老设备、购买新设备一体化都能解决，不但能够拿到一个打包的好价格，而且可以平衡企业既想增加产能，又想兼顾科研的设备配置平衡问题。

最后，党委会上大家一致认可这个标准，认为这是最为企业着想的，至此客户终于下定决心再次和E公司合作采购高端设备，同步升级和维修其他一批老机器。

看完这个故事，你怎么看？

有单纯的销售会认为，根据这个客户的情况，这样的选择标准确实是最佳解决方案，虽然引起了很大的争议，党委会也会一致通过。

有明白的销售就笑了，这样的采购标准拿到党委会来提出，一般的客户不太愿意干，B 先生这样做背后一定有原因，否则都调走的人了，何必掺和这件事情，还引起这么大争议。

确实，没有更深层次的理由，B 先生没有必要这么干，那是什么理由呢?

通常而言，客户有两种理由：一种是摆在桌面上的，叫做“卖点”，即我用来说服别人为什么一定要选你的理由；还有一种是放在心里的，叫做“买点”，即我选你的理由。

只要具备充足的买点，即充足的我必须选你的理由，客户会自己琢磨，甚至和销售一起商讨如何制造能够充分说服别人的卖点。

B先生在党委会上提出来的三条采购标准属于最高等级的卖点。一般的卖点主要强调所推荐的供应商的优势和利益，即这个供应商为什么好，选了他能够给我们带来什么收益，而 B 先生的卖点上升到了采购标准的高度，站在公司的角度谈，我们到底买什么样的好，只是按照这个标准衡量，只有一家供应商符合标准，这是最厉害和高明的卖点。

是什么让他调走了还回来提出这样的卖点呢？他的买点是什么呢？研究这个案例的背景资料你就会发现，B 先生和总经理精诚合作多年，这次是总经理请他作为专家回党委会来给出专家意见的，总经理为什么自己不发话，要叫 B 先生回来呢？因为总经理过去多年支持的 E 公司去年干了一件不太地道的事情，在公司里造成了不太好的影响，如果就此不选择E公司，那就证明总经理过去多年的决策都错了，因此首先证明E公司是“有错就改的好同志”，再证明它还是公司的最佳选择，对于保持总经理的威望非常重要。E公司的销售不负总经理的期望，通过一次轰动全省的研讨会帮助该企业提升了在某领域的学术地位，使总经理的政治对手另一位副总都不得不在这次会议结束以后说E公司确实是一家不错的公司。于是，现在只剩下证明继续选E公司是最佳选择了。只是有过去选E公司结果不太好的事情存在，拥有安全和自我实现双重需求的总经理似乎不宜亲自出面来力挺，于是找来了德高望重的B先生充当“狐狸”（见第4章《传说中的狐狸》一文）。B先生愿意来的原因，即买点是：

1. 我曾经是总经理的伙伴，这次总经理有事能用到我，必须力挺，这属于归属需求。

2. 我和总经理一起建设企业这么多年，买高端设备是我离开前就想实现的，这次能够决定买我和总经理都心仪的，是个实现梦想的好机会，这属于自我实现需求。

因为归属和自我实现双重需求，造就了B先生的买点，也就是他要选E公司的原因，而这个原因是没有办法在党委会上说的，只能是他和总经理心知肚明。到了党委会上，他要陈述的是卖点，来说服大家选E公司。党委会上大部分都是总经理的人，表面上是在讨论这个卖点到底符合不符合企业的利益，各人内心深处想的恐怕都是“这是总经理的意思”，因此虽然都有些惊讶，但是很快就达成了同意这三条采购标准的共识。在这个项目里，总经理的买点是重塑威望，实现梦想，卖点和B先生一样，可能就是他们两位商量出来的。

党委会上众人的买点是迎合总经理的意思，表达效忠，自然就很容易接受B先生提出的卖点。

我们用买点和卖点解读清楚这个央企案例，很多销售会恍然大悟：呀，我过去在推动项目的过程中，着重发力的是如何帮助客户塑造卖点，殊不知买点才是客户愿意接纳我们的卖点、向内部主动推荐我们的卖点的原因。很多时候，客户接受了我们的卖点并主动去推，我们还误以为是我们的方案好而沾沾自喜，原来客户是因为自己的原因才会这样操作，和我们的方案有点关系，也可以说没有多大关系，我们在客户的真正动机即买点的洞察上缺乏敏感，这很容易导致客户把我们当棋子用啊。

当然，能够成为有价值的棋子对大部分销售来说已经很不错了，如果能够洞察和推动客户的买点，成为和客户一起弈棋的人，会不会和客户的关系更深入长久，更容易从一个项目走到整个客户地盘的合作呢？项目中遇到的价格压力也会大大减轻吧。

你了解客户的买点吗？它们一般和五维政治需求相关联。买点决定了客户会不会帮我们推动卖点。

你能帮助客户塑造卖点吗？它们一般和BVF相关联。最棒的卖点是塑造成采购标准。什么叫做采购标准，如何塑造采购标准？请看下一篇文章《卖西瓜的老王》。

故事34 卖西瓜的老王

如何帮助客户树立采购标准

又到夏日，四体不勤、五谷不分的笔者偶尔到小区门口买西瓜，看着小区门口好几个西瓜摊，笔者犯了愁：不知道怎么挑啊，如果你问摊主这西瓜甜不甜，多半回答甜，还有人喊包甜，不甜不要钱！就看你信不信了。正愁着，有个瓜摊摊主憨厚地冲笔者笑了：“小姑娘，不知道怎么挑瓜吧？来，我教你！”年过40还被称为小姑娘，笔者心花怒放地过去了，这一去上了一堂精彩的销售课。

摊主在瓜摊中挑了个西瓜，说：“这西瓜好不好，不能光看甜不甜，得从四个方面看：第一，皮薄不薄，有些瓜甜，可是切开来皮太厚，买得就不合算；第二，籽多不多，有些籽太多，吃起来不方便；第三，倒不倒瓤，倒瓤的瓜熟过了头，甜是甜，口感不好；第四，才是甜不甜。符合这四条标准的瓜才是好瓜，来，我帮你挑了一个，保证皮薄、籽少、不倒瓤、还甜，正好符合刚刚那四条！”笔者目瞪口呆接过了西瓜付钱走人，这位瓜摊摊主自称老王，从此笔者家的西瓜基本上都是他供货了！

卖西瓜的老王和上文《我选你的理由》中的B先生所使用的方法不约而同都是帮助客户建立采购标准。这种手法让销售不再站在销售的角度搞推销、推荐，谈的不是销售的产品和方案，而是站在客户的角度，阐明客户到底应该怎么买才对，帮助客户列出明确的采购标准，这个采购标准往往包括了“1，2，3，4”等数条对将要采购的方案或者产品的要求，按照这个要求客户很容易衡量和区分不同的供应商所提供的产品和方案的差异，以及谁最符合客户的要求。

传统销售搞推销的手法需要客户有个转换思维的过程，客户首先需要理解销售向自己推荐的产品或者方案是什么？有什么优势？厉害的方案销售可能会直接点到客户的利益，但客户还是需要考虑这个优势甚至利益到底是不是符合自己的需要，而且客户也会考虑是不是还有其他产品和方案也能符合自己的需要。

比如，某运营商销售进攻一家公交集团，意欲策反该集团所有的管理人员和司机使用该运营商的手机，为此提出了移动办公和移动运输管理的概念，该公交集团的相关领导非常感兴趣，很快另外两家运营商也得知消息，加入了竞争行列，表示移动办公和移动运输管理他们也能做。

于是，在这个同质化竞争严重的领域，价格战就打起来了，像小区门口的其他西瓜摊主一样，这家说尝一口，另外一家喊包甜，不甜不要钱，这样的承诺都意味着增加成本。几家运营商在公交集团项目上一通价格战打下来，从一开始的包月流量费 139 元/月一路降到了 39 元/月，公交集团承诺开户4 000部手机，但是软件和平台全部由运营商免费援建，价低者得。这生意做的，亏啊！

建立采购标准的手法是，销售直接站在客户的角度去帮助客户设想，客户接收这个信息时完全不需要转换思维，很容易理解和接受。最重要的是，客户会感受到你是为他着想，而不是来搞推销的，会进一步加强销售在客户面前的顾问形象。当然，这也要看你标准建立得对不对。

首先，销售能够帮助客户建立标准的前提是已经和客户建立了信任。走到建立标准这一步，通常已经过了需求研究阶段，客户立项打算进入招投标阶段了，如果你在这之前和客户建立了非常好的信任，客户对你有一些明显的倾向，这就是可以帮助客户建立标准的好时机了，否则恐怕销售能做的是去调查客户是否已经有标准，是否要去修改标准了。比如《我选你的理由》一文中，E公司如果一上来就想建立标准几乎是不可能的，他们也是在完成了一次轰动全省的研讨会后，才开始着手进攻高端核磁共振设备的。没有信任，哪个客户会听取销售建议的标准呢?

其次，建立标准要从客户的需求出发，而不是从自己的产品出发，否则听起来还是很生硬，客户还是知道你是来搞推销的，搞推销还当成标准说，这很容易使客户产生更大的反感，葬送之前建立的信任。好的标准一定是从客户的需求出发。比如，某些运营商的硬件采购项目，由于很多硬件事关运营商的业务运营，如果宕机不能及时修复，可能造成重大生产事故，因此有很多硬件厂商的销售会帮助运营商建立诸如“全国有8个备件库，备件充足率达到百分之多少”、“能否3小时内响应解决问题”等采购标准，这样的标准非常符合客户的需求。有些销售建立标准时恨不得把自己的品牌、型号、参数直接放进去，以前可能还有客户因为太想确定这单只给你而敢这么干，现在哪个客户敢冒这个风险?

第三，建立的标准要符合自己的优势，别为他人作嫁衣裳。比如，某打印机企业联合工商局提出“移动执法”的概念，该企业为工商移动执法特意定制了一个“移动执法套盒”，里面包括一台移动联网打印机、一部平板手机，整个套盒重量控制在 5 公斤以下，便于携带。由于其中无线联网打印机只有这家企业拥有，于是该企业提出“移动执法套盒”必须满足移动易携带、随时随地能联网、随时随地出单据的标准，这就成了一个完全排他的采购标准。只要工商局搞“移动执法”，这生意就是他家的，而且客户觉得他家给的这个标准非常有道理，确实能够最好地满足“移动执法”这个需求。再比如上文硬件厂商帮运营商建立的“全国有 8 个备件库，备件充足率达到百分之多少”这个标准，肯定这家硬件厂商完全符合，而其他的硬件厂商全国可能只有 2 个备件库，于是这个标准也成为排他性的标准。

赢得客户信任后，站在客户需求的角度结合自身优势，建立排他性采购标准，是销售在竞标阶段最厉害的杀手锏之一。很多时候，在竞标阶段，只要处于领先地位，销售首先应该谋求的就是帮助客户建立采购标准，达成共识后把这些标准写进标书，从而保证在之后的竞标中立于不败之地。

建立采购标准这一招，你学会了吗？

故事 35 又快又便宜＝丑

这世上存在十全十美的解决方案吗？不存在怎么办？

某银行客户经理小秦感叹现在客户越来越难伺候了，动不动就要求贷款两周批下来，同时还要好的利率价格，后期服务的要求还特别高，不是缺这个资料就是缺那个资料，客户经理为了赶时间不得不守在那里帮客户一个个部门盖章。现在的客户都怎么了？又要马儿跑得快，又要马儿不吃草，一次这样可以，长期这样怎么可能啊？

某保险公司的客户经理小梁听了小秦的诉苦就笑了，说你那算啥，我这还有更夸张的！团险医疗健康险，有个客户年年换供应商，出名的要求高、价格低，但是每年总有保险公司肯做，做一年下来发现实在太亏，第二年就不肯干了，这个客户就再招标换一家。我一听他家要竞标，我头都疼，去了肯定赔，不去心里总有点痒痒，销售嘛，听见有生意机会不上总觉得有点不妥当啊。

这两个故事听起来，似乎客户都是不讲道理的主啊，怎么回事？难道我们真的要把这张图（见图 5—4）拍客户脸上吗？那还要不要做生意了。

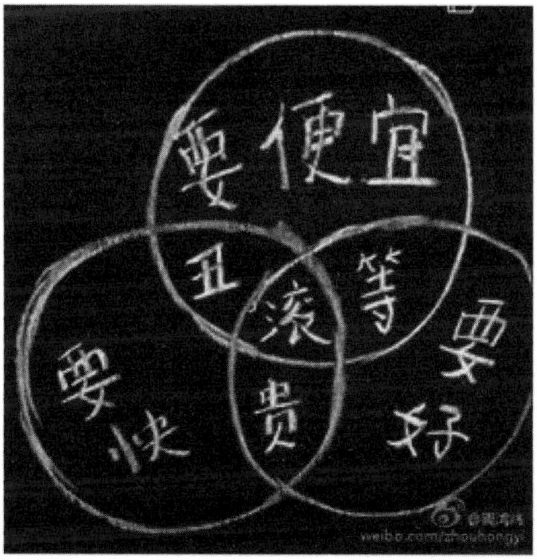

图 5—4

首先，撇开麻烦的客户以及销售没能和客户建立信任而导致客户不讲道理的情况不谈，大部分客户走到方案评估阶段并不是有意这样为难销售，而是他们在众多想要达到的目标和要求里迷失了主次。

有些时候，迷失主次是因为各部门考核的重点不同。比如，某著名家电企业进行IT设备集采，过去三年集采中心在这类IT设备上的采购标准一向是低价者得，因为集采中心存在的理由就是统一集采可以“以量换价”。价格是这个部门考核的一个重要指标，于是今年集采中心也同样采用这个标准。但是今年提出需求的是研发设计中心，该中心刚刚来了个日本著名家电设计专家，对用于设计的IT设备要求非常高，因为搞设计极有可能七天七夜不关机全速运转设计软件，一般设备很容易跑宕机。研发中心考核的是设计创意、效率和成功率，因此他们不关注价钱，只关注好不好。如果销售不做任何工作，你基本可以想象，采集的标准肯定就是很高的要求搭配极低的价格。

有些时候，迷失主次的原因是有很多项要素都对客户很重要，客户难以取舍，干脆来个全要。比如，某出口企业总经理在采购自动化生产线时提出：（1）设备一定要原装进口；（2）安装实施一个季度内完成；（3）专业的安装实施团队；（4）售后服务24小时随传随到。该企业投资十几个亿建设工厂，力图进军更广阔的市场，因此对于车间的产能、生产效率非常重视，对自动化生产线提出很高的要求。比如第1条，设备要原装进口，就是要采购最好的生产线来保证质量，这样产能高、停机率低；同时要求高维修质保服务来进一步确保高产能、少停机，万一停机能够迅速响应修复；车间投资巨大，还要尽快完成实施，多耽误一天损失的都是钱，在快速实施中需要最专业的安装实施团队来保证质量和效率。哪一条听起来都和客户的业务息息相关，因此总经理才提出这些采购标准。但是进口的设备光进口到国内就要很长时间，更别提还要加上安装实施了，怎么可能一个季度完成啊？24 小时随传随到的售后服务就意味着 4 班倒的工程师团队，这么高成本有必要吗？

怎么办？遇到这种要求众多、迷失主次的客户，只要不是故意为难和缺乏信任（麻烦的客户还是送给竞争对手吧，缺乏信任就去想办法建立信任，重挖需求，先别急着给方案、立标准），销售需要做的就是帮助客户首先列出对于采购必需的要素，即采购标准里的元素，然后对这些要素根据重要性强制排序，形成主次有序的采购标准，如图 5—5 所示。

标准的样例

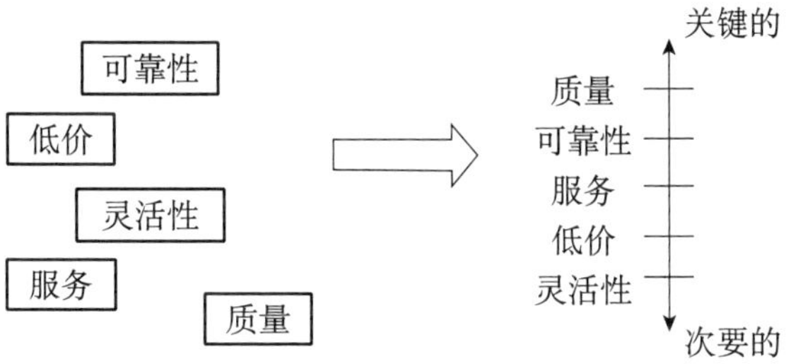

客户深入考虑自身的需求和标准，然后决定最重要的因素。

图 5—5　采购要素排序

采购标准强制排序法运用在之前谈到的两个案例，大致如下：

家电企业采购 IT 设备的案例是低价更重要，还是设备能够满足设计中心对于运行的高要求更重要？肯定排序第一的是满足设计中心的高性能要求，而且设计中心不仅要求设备高性能，还要能够为他们特殊的设计软件进行应用优化，后续维修服务还要到位，这些要求都能满足的情况下才是获得合理的价格，一味低价采购肯定会买进一批不能支持运行的设备，重新采购则意味着更高的成本，没有任何一个集采中心会去冒这个风险。因此，集采中心的采购标准应该如图 5—6 所示。

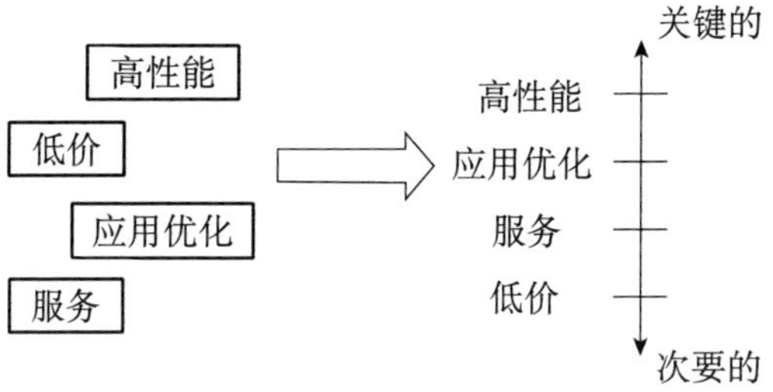

图 5—6　集采中心的采购标准

某出口企业的需求焦点不在价格，而在于实施要求的矛盾，总经理需要权衡到底是要多等半年欧洲的生产线，还是参观考察国内的生产线，确定质量也很有保障后，采用国内的生产线在一个季度内实施完工？时间更重要，还是质量更重要？大部分情况下，客户都能够理解十全十美的解决方案是不存在的，甚至有很多客户会说：销售来推荐解决方案，形容得十全十美，也许那个方案就是最有问题的方案！因为这个世界上本来就没有十全十美的事和十全十美的人。大部分客户都会接受为了更重要的要素，可以容忍一些不那么重要的要素没有达到完美的要求。于是，通过销售的进一步斡旋，对需求的深入理解和重新开发，该出口企业的总经理重新修改了一些要素，并对这些要素排序，形成了如图 5—7 所示的采购标准。

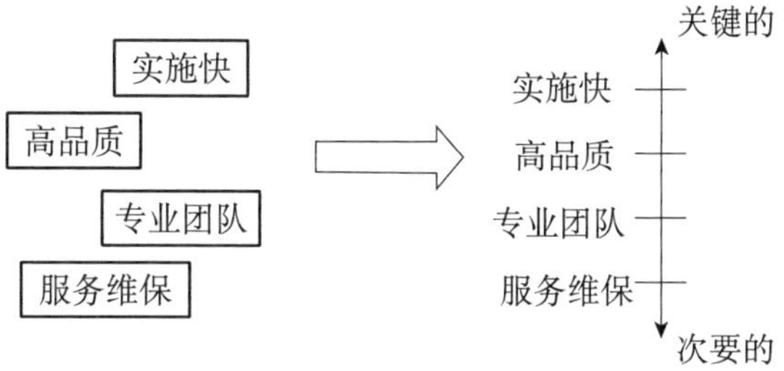

图 5—7 出口企业的采购标准

综上所述，又快又便宜＝丑，又快又好又便宜＝不讲道理。大部分情况下，客户都明白，十全十美才是最大的问题，销售如何在建立信任的情况下合理引导客户的需求，按照采购标准的强制排序法帮助客户重新定位其需求，双方必然能重新定义更合理的采购标准，从而达成皆大欢喜的合作。

故事 36 硬碰硬改标准之一：反客为主

还有问题更重要？

进入方案评估阶段，如果遇到客户已经建立了采购标准，最好的改变客户的采购标准的方法就是《又是陪标！怎么办?》一文中给出的“砸场子改需求”的方法：从需求出发，调整甚至全面推翻采购标准；从需求出发，根据自身的优势，重新帮助客户建立采购标准。

然而有些时候，我们碰到的客户已有采购标准，站在需求的角度来重新审视会发现该标准确实能够很好地满足客户的需求，难以推翻重新建立。

比如，F国核电设备公司，在我国改革开放之初进攻某核电厂，因为核电设备的生产安全非常重要，所以核电设备的培训设备都是一比一实景模拟机器，通常一套培训设备和训练场地就是一栋大楼，这种机器非常贵，在改革开放之初我们国家和企业的财力还不够充足，F国核电设备公司提出："选购我们的核电设备，我们免费赠送培训设备和认证，但由于是免费的，我们的国际原子能机构的授证不足，经过这个培训和认证的人只能操作我们生产的核电设备。"某核电厂心花怒放，这意味着节约了一大笔钱啊，于是一期工程采购了F国核电设备，到了二期工程，可以想象也只能采购F国的核电设备，因为整个厂的员工只会操作该国设备，购买别家设备的培训转移成本太大了。又过了几年，该核电厂再度扩张，计划进行三期工程采购时，由于我国经济腾飞，钱已经不成问题，再买套国际原子能机构授权的完整的培训设备完全就不在话下了，但转移成本还是太大，因为要花一年时间重新培训所有设备操作人员，内部的管理系统和流程也要进行大变革，因此，看起来三期工程又要花落F国了。其他各国的核电设备公司虽然摩拳擦掌虎视眈眈，可是，怎么办？从图5—8，即三期工程开始时的采购标准来看，和F国核电设备公司比，其他核电设备公司完全处于弱势。

"使用便利性"这条排在第一位的采购标准，确实非常符合客户

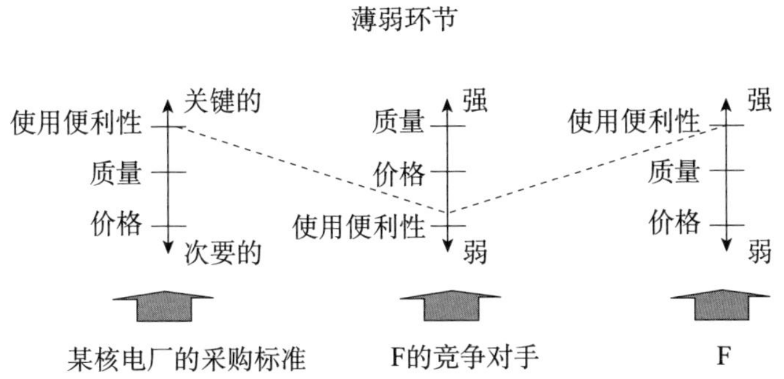

图 5—8　某核电厂采购标准

当时的需求，这是一个建立得非常好的标准，可以说，F 国核电设备公司从一开始就利用核电培训设备免费赠送这个诱饵创造了一个巨大的“不使用 F 国核电设备就不便利”的转移成本，导致以后要换任何一家核电设备公司的产品，都会面临“使用便利性”这个难以逾越的采购标准。从客户需求出发来修改这个标准看来没什么可能性，那我们能使用反客为主的改标准手法来让客户认识到还有一个更重要的采购标准被他们忽略了吗？

所谓反客为主就是如果你的产品或方案不能符合客户采购的关键性标准（比如该核电厂的“使用便利性”），你应该拿出一个你能够取代的标准——最好是客户本来就认为很重要的标准，通过强化这个新的标准的重要性，让它取代客户心目中原来最重要的标准（比如“使用便利性”）。

现在我们需要找的就是还有什么更重要的关键采购标准是客户忽略掉的？欲和 F 国核电设备公司一较高低的 C 国核电设备公司研究发现：核电厂的主要职能是提供巨大的发电能力和发电量，保证它所辐射的区域和领域的供电，站在核电厂的角度而言，保障发电能力和生产安全是最重要的。看起来似乎无懈可击的“使用便利性”的采购标准，如果从核电厂真正的职能着手，C国核电设备公司发现有一个可能的需求突破口，那就是“安全”。生产安全不仅指确保机器的质量，确保使用安全和维修服务，还有一条就是“合作安全”，核电发电这样重要的国之利器，如果被捆绑只能使用一家公司的发电设备，是否影响了“合作安全”，是否未来会受制于人？事实上该核电厂现在已经受制于F国核电设备公司了。从这个角度出发，C国核电设备公司设计出一条新的采购标准：“合作的开放性和兼容性”，即采购的设备拥有健全的国际原子能机构授证，确保购买的客户受训以及使用后可以操作各种核电设备，同时核电设备之间的兼容性打通。C公司拟用这条新的采购标准取代原采购标准“使用便利性”的重要性，替代它成为最关键的采购标准。如图5—9所示。

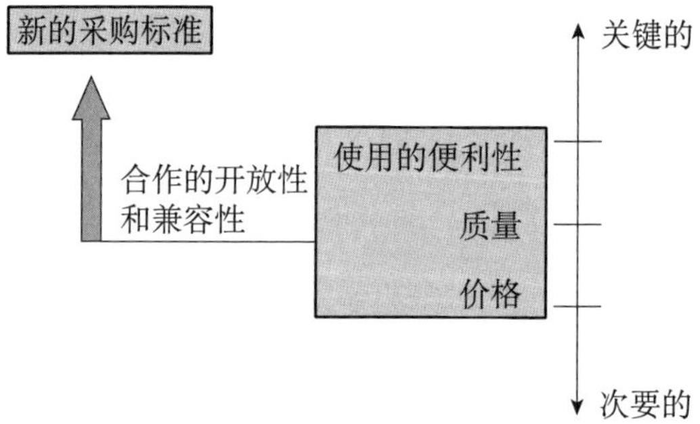

图5—9　找到新的采购标准

当C国核电设备公司向核电厂提出这条新的采购标准，并且申明了为什么设计这条标准后，深深打动了该核电厂领导的心：确实核电设备是核电厂的核心，核电厂是国之重器，怎么能一直受一家公司的挟制呢？这确实不安全，我们应该打破这个“使用便利性”的壁垒，而且越早越好，越晚转移成本越大。于是该核电厂形成了一个新的采购标准，按照这个新的采购标准，C 公司胜券在握，而 F 公司出局则成为必然（如图 5—10 所示）。

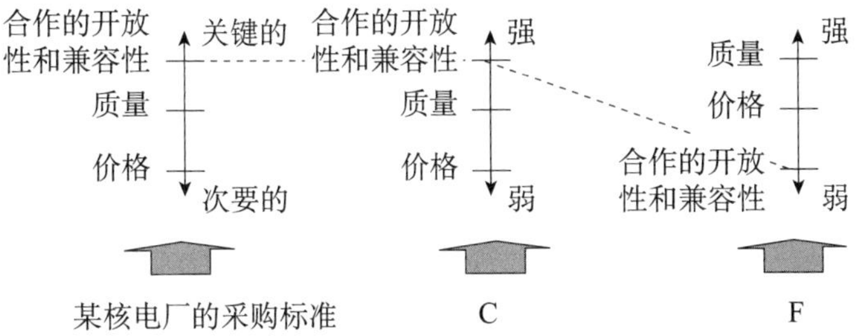

图 5—10　反客为主

反客为主这种修改标准的手法，我们称之为“硬碰硬改标准”的四大手法之一。为什么说这种手法叫做“硬碰硬”？因为它受到两种限制：

1. 原采购标准对客户的需求摸得很准，也能近乎完美地满足客户的需求，这时候你还要去修改标准，完全是打一场硬仗，比通过重新开发需求来重塑标准的手法要难得多。

2. 客户的需求还是那个需求，你必须要把客户的需求掰开揉碎了，再匹配自己的优势重新找，到底在这些需求中还有什么对客户很重要而他们忽略的，要去说服客户忽略的需求很重要，这也是一场硬仗。大部分客户认为他们已经考虑到所有的关键问题，人们是很难改变初衷去承认你说的那个问题更重要，除非这个问题真的对客户而言非常重要，而这既要靠运气也要靠艺术，否则人们很抗拒改变其认为重要的要素。

因此四大“硬碰硬改标准”的手法，平均而言只有50%的成功率，也就是只有一半的机会能够成功修改客户的采购标准，它们并不像从需求出发重塑标准的手法一样几乎百发百中，而你是否有机会从需求出发重塑标准，完全看竞争对手建立标准的实力怎么样，碰到紧踩客户需求考虑周密的竞争对手，为了赢，我们也只能打一场硬仗！

在四大“硬碰硬改标准”的手法中，反客为主这个手法是危险性最高的，我们需要认识到挑战一个客户心目中的关键决策标准是很危险的，我们要避免给客户的一个感觉就是在攻击其设计的关键决策标准，而是要集中力量去构筑另外一个重要的标准。比如，C国核电设备公司和客户讨论的并不是“使用便利性”重要不重要，应不应该成为关键决策标准，而是“合作的开放性和兼容性”是不是更重要？为什么更重要？这些由客户进行衡量和做出决断。

反客为主这个“硬碰硬改标准”的手法，可以是像C公司这样重新创造一个新的标准让客户意识到更重要，也可以在客户已有的决策标准中发现一条最能满足你要求的非关键决策标准，全力塑造它的重要性，从而反客为主，使该标准超越原来的关键决策标准的权重，成为最重要的标准。比如，有些客户把价格放在采购标准的第一位，但是他们不可能只设计价格这一条采购标准，如果你发现客户其他不如价格重要的采购标准是你的强项，你就需要集中力量来设计该采购标准的重要性，最终让它成功超越价格成为最重要的采购标准，这样就可以成功规避价格战。这种反客为主的手法我们在《价格，价格，还是价格》一文中将有案例详述。

建立一个次要的标准，通过反客为主的方法逐步让它显得比客户原定的关键性标准更重要，从而达到修改客户的采购标准的目的，让你支持的次要采购标准成为最重要的采购标准，你学会了吗？

故事 37 硬碰硬改标准之二：鱼和熊掌

只能选一个！

小吴现在一个头两个大，这次维保合同续约，客户明确提出必须降价到和第三方维修公司一样的价钱，否则就不和原厂续约，直接找第三方维修公司了。第三方维修公司的价钱最起码比原厂便宜了 1/3，这真的做不到啊，怎么办？

程周面临的倒不是价格压力，是客户提出了一个几乎不可能的要求，必须要签进合同：需要维修工程师一小时内随传随到，备件当天供货解决。如果做不到，这次机器竞标肯定失分严重，怎么办？

又是两场硬碰硬的战斗，这一次我们试试“硬碰硬改标准”的第二种手法：鱼和熊掌。这种操作手法首先会赞同客户提出的关键决策标准对客户的重要性，同时向客户说明还有其他不得不考虑的因素需要进一步权衡，因为如果满足客户的关键决策标准，那么客户需要在另一个重要因素上做出让步或者牺牲，即鱼和熊掌，只能选一个。

比如，小吴的客户如果真的只是要求价格和第三方维修公司一样，他们为什么不干脆找第三方维修公司合作，还非要费劲和小吴谈判呢？因为小吴所代表的原厂技术力量更强，之前有运转中的机器因为突然停电宕机后，找来的第三方维修公司技师根本找不到问题所在，还是紧急呼叫原厂工程师迅速诊断出哪里的配件受损，迅速更换了配件，帮客户把宕机的损失降到最低。第三方维修公司常规维修可以，紧急和重大问题还是得靠原厂的 24 小时修复响应系统，但是 24 小时修复响应系统必须动用总部的跟踪响应系统和资源，那次事故如果不是系统上紧急呼叫很多工程师群策群力也很难那么快就诊断出问题所在。于是小吴灵机一动，按照鱼和熊掌的方法向客户提议："我们可以把价钱降到和第三方维修公司一样，那么这就意味着：第一，不能链接总部的 24 小时修复响应系统，我们只能动用区域的资源来给你维修；第二，所有备件有什么供应什么，不能保证必须是全新件，可能和第三方维修公司一样使用的是翻新件。如果不在乎这两条，我马上回公司想办法协商价格。"

客户本来考验的是小吴的诚意，是否愿意降价？现在小吴这样一说，客户犹豫了，他的考虑从价格问题转移到了能否接受小吴的那两个条件。鱼和熊掌的手法往往会转移客户的关注点，从销售能不能答应他的条件转移成他能不能接受销售提出的条件，销售由此从被动转为主动。如果客户不能接受销售的条件，那么客户提出的条件就可以重新商量；如果客户接受销售的条件，那么接受客户提出的条件的成本也被控制在合理范围之内。听起来是双赢。

当然，有些销售会说：“客户可不会和你讲道理，有些客户就是不理解为什么只能选一个，要求你不但必须降价，而且服务水准必须保持，变成两个都要选！那怎么办?”这是另外一个话题，我们在《又快又便宜＝丑》中讨论过，正常情况下，客户不会和你不讲情面、不讲道理，如果真的是麻烦的客户就要放弃，如果是没有建立信任就去重新建立信任，如果是采购标准的权重主次不清，那就帮助客户厘清主次。

像小吴的这个客户在紧急宕机事件中得到了小吴及时有力的帮助，他之所以提出要将价格降到和第三方维修公司一样，是因为设备科的一大考核指标是采购成本降低，但是通过之前的宕机事件，他也明白光成本低，一旦出生产事故可不是开玩笑的，因此从全局考虑不但要原厂维保，同时希望得到尽量好的性价比。当小吴提出这个鱼和熊掌的考量时，他也觉得小吴说的不是没有道理，厘清采购标准的主次后，该客户最终把这个案子提给了大领导的层面，特事特批，按照小吴的价格签了全保合同。与生产安全和效率比，维修费用宁可花贵一点啊！

通过这个案例，大家应该能够看出来，鱼和熊掌这个改变决策标准的手法对于价格谈判特别有用。当然，作为“硬碰硬改标准”的四大手法之二，有没有效果确实也只有五成把握，因为它取决于客户和不和你讲道理，而大部分客户不和你讲道理都是因为在需求阶段双方没能建立信任，走到了竞标阶段也就是方案评估阶段再去修复，难度实在是很大。

程周的案子就很难，因为一小时维修响应和备件当天到位这种要求对哪家厂商都是一个过高的要求，意味着庞大的人工和备件成本，但这个客户是各家厂商争夺的 VIP 客户，购机量和每年的维保合同标的都非常高，而且坚持追求高品质，从不找第三方维修公司，只找原厂，从这个角度来说还真是原厂的好客户呢。也正因如此，该客户在维保上的要求高得出奇。程周尝试使用鱼和熊掌的手法去和客户商量："没问题，我们可以把一小时维修响应和备件当天到位签进合同里，但是这需要满足三条：第一，我们需要签订五年维保合同；第二，每年维保费用增加 20%，用以加入我们的远程预警系统，方便我们远程监测机器运行情况，能够在机器出现故障前预警以便及时预订备件、派工程师检修；第三，签订每年的维修率，如果超出这个维修率，第二年的维保费用再按比例增加。"

和销售有情分的客户会承认，程周提出的要求彰显了原厂的专业和负责任，稍微磋商一下条件也就顺水推舟签约了。和销售不那么有情分的客户就会觉得，你说得很好，五年维保可以，远程预警系统我们一定加入，价钱不能那么贵，至于维修率，你的机器如果好的话怎么会维修率那么高？签维修率是不合理的。于是一场新的拉锯战又开始了。

不管有没有情分，大部分情况下鱼和熊掌的手法能够成功转移客户的关注点，让客户在满足关键性标准与因满足该标准而产生的限制和牺牲之间权衡比较。于是，销售想突出的重点在这种权衡比较中得以彰显，也给了销售获得更好的价格和谈判空间的机会。可以说，这是一种非常巧妙的手法，需要一定的艺术，立足现实又不能太生硬，不然客户会觉得销售是为了不满足他的条件才这么提议。

如果实在要硬碰硬修改客户的采购标准，鱼和熊掌这个手法，你会用了吗？

故事 38 硬碰硬改标准之三：偷梁换柱

换个角度看问题

很多销售在和客户的沟通中会发现，有些客户对某个名词的理解和定义与我们的惯有理解不一样。比如，某咨询公司发现它正在服务的某汽车集团客户对于项目管理的过程定义是从客户立项开始的，而不是从签订合同后的实施开始的；某 IT 著名品牌对于服务的定义是贯穿售前、售中、售后三个阶段的，而不仅仅指售后的维保服务。

人们对于一个定义的理解不同，在方案评估环节会更加凸显。一方面，这是好事，面对很多客户甚至竞争对手已经设定好的关键采购标准，我们可以用偷梁换柱的手法来改变其定义，从而让自身能够满足这个标准；另一方面，这是坏事，因为人们对一个标准的定义很难改变，能不能偷梁换柱完全要看你重新定义的符不符合客户的需要。

相比反客为主，偷梁换柱作为“硬碰硬改标准”的手法之三，相对容易和有力一点，毕竟当一个客户对你说一个标准很重要，是为了让你知道这点对于他们来说意味着什么，这通常很难改变。如果你不能够很好地满足这一标准，千万不要试图说服客户，说那个标准不重要，这常常会适得其反，反而让那个标准在客户心中更加坚固。因此，我们不如用偷梁换柱的手法，首先同意关键决策标准对客户的重要性，但转换其定义，让客户换个角度看问题，这样才能帮助我们的优势更容易与之相吻合。

在国际某两大设备品牌的 PK 中，甲品牌的机器很贵，但是维保成本相对便宜，因为它的维修是放开给第三方的，乙品牌的机器价格有优势，但是维保成本很贵，因为它的维修是不放开的，必须原厂维修，因此，经常在竞标时，乙品牌在价格上大占优势，因为客户所制定的有关价格的采购标准往往仅指采购成本。于是，在一次竞标中，甲品牌奋起反击，提出成本不仅应该考量采购成本，还应该考量使用成本，并拿出一套数据，即类似客户采购甲品牌机器以后的停机率、维修率和维保费用，统计出一个采购甲品牌机器的三年总成本和五年总成本的对比试算表，明显可以看出在包含使用成本的总采购成本上，甲品牌更有优势。这就是典型的偷梁换柱的修改标准的手法，把客户原来有关采购成本仅指购买设备的成本，重新定义为购买设备的成本＋使用设备的成本。

在这个案子里，如果采购部门既负责采购成本控制，也负责使用成本控制，它会觉得甲公司对于采购成本的重新定义非常合理；如果采购部门只负责采购成本控制，那么负责使用成本控制的使用部门会跳起来支持这个新定义，甲公司就此获得机会来避免价格上的严重失分。

偷梁换柱的手法，最佳的情况就是像甲公司这样，重新定义客户已有的关键决策标准，甲公司的解决方案整体上最能够满足和符合这个标准。

还有一种情况也不错，那就是通过重新定义之后，虽然销售所代表的公司不能完全符合该标准，但是能够从原来的完全不符合变成大部分符合。比如，有客户明确要求新购的设备要便于使用，客户的意思是设备的软件设计要人性化，界面方便操作。某设备销售根据自己公司的长项重新定义设备便于使用应该包括三个方面：人性化的软件设计和良好的培训支持以及设备硬件维修率低。这样该公司虽然软件界面不够人性化，使用便利性不高，但是由于培训支持到位和设备硬件品质过硬，在最后的评比中还是可以占有一定优势。

除了通过在客户的关键决策标准上叠加更多的含义来重新定义该关键决策标准之外，我们还可以使用一个定语来硬化或者软化客户的关键决策标准。

还记得在本章《我选你的理由》一文中的B先生吗？他在党委会议上提出了购买高端设备必须符合的三个标准：（1）技术领先；（2）品牌统一；（3）服务连贯。震惊四座。

这三条标准就是典型的用定语加工过的采购标准：品牌和服务本来是不可量化的软性差异化标准。所谓软性差异化标准就是指不可量化的指标，只能主观判断，不能客观测量的差异化指标（如：品质、信誉、服务标准、道德规范、策略联盟等）。当我们给品牌和服务这样的软性差异化标准加上一个定语后，让它们硬化了，变成了硬性差异化标准，即可量化指标，能够被客户客观测量的差异化指标（如：价格、尺寸、重量、速度、兼容性、物流配送等）。

品牌统一这一关键采购标准很容易量化衡量，即以前用哪个品牌现在还得继续用那个品牌；服务连贯也很容易量化衡量，即以前服务谁来做，现在还得继续统一包给他家做。至于原本能够衡量的硬性差异化指标技术，通过加上“领先”，软化它变得不可衡量：谁领先谁落后这本来就是狗咬狗一嘴毛不容易说清楚的事情。可以说，B先生这么一偷梁换柱重新定义，这三条关键采购标准已经让他想支持的厂家立于不败之地。

理想的销售情况是我们的产品或服务在客户制定的硬性差异化采购标准上具有明显的优势，那么作为一个领先的竞争者，我们需要干的就是加速客户的决策周期。

这篇文章探讨的是如何在不理想的情况下，也就是按照客户制定的关键采购标准我们不具有优势的情况下如何硬碰硬翻盘。

通常我们都建议，如果按照客户的关键采购标准，我们某些方面的硬性差异化指标不具有优势，你可以将其软化，从而使客户不能轻易地利用客观标准进行评判，比如，打印速度是指持续的打印速度还是打印一张的速度。

有的时候，如果我们发现客户仅仅对硬性差异设立关键性标准，我们可以考虑重新定位我们具有优势的软性差异化指标，使之硬性化，然后通过偷梁换柱糅合到客户原有的关键采购标准中。如上文谈到的“设备便于使用”，我们在客户自身定义人性化的软件设计的基础上进一步结合我们的优势，即培训和服务这两大软性差异化指标，硬化成良好的培训支持和设备硬件维修率低，帮助客户精细化“设备便于使用”这个关键采购标准，给客户的感觉是更加有效地对客户的定义进行了补充，实际也扭转了我们原来并不吻合这一标准的被动局面。

转换客户关键采购标准的原有定义，打开客户的视野，帮助客户换个角度看问题的偷梁换柱“硬碰硬改标准”的手法，你掌握了吗？

故事 39 硬碰硬改标准之四：调虎离山

等时机还是换领域

“硬碰硬改标准”的第四个手法调虎离山是最后一种方法，也是最需要想象力和创造力的方法。如果客户认为当前设定的关键采购标准非常重要，而我们目前的方案又不能很好地满足，我们能否结合客户需求和对自身产品、服务的深入理解，去寻找新的有创造性的领域，让这一标准不再适用，从而帮助客户创造全新的关键采购标准。

比如，某国有银行南北数据大集中项目，整体预算 8 亿美元，项目启动之时该行总行行长刚刚换任，新行长在严重的安全需求的驱使下，设定的一条关键采购标准就是实施企业在银行业要有超过

50%的市场份额和品牌知名度、美誉度，因为如果选了银行业最著名的供应商，即使实施出现问题也不是选择人的错，如果选择的是次好的供应商，那么万一实施出现问题，选择人就容易招来各方诟病。这条客户站在自己最根本的需求角度所设立的采购标准几乎不可动摇，既没法找到更重要的标准来反客为主，也很难用偷梁换柱的手法重新定义，更不要提创造两难选择的鱼和熊掌手法了，有严重的安全需求的客户不存在两难，只存在唯一的需求：即使选错了我也没事。符合这一标准的企业在当时服务银行业的 IT 业中几乎是非常明显的：此项目除了 I 公司，没有公司能满足这条采购标准。

怎么办？P 公司的销售总监想拿下这个项目，因为金额实在太大、太诱人，成功则一战成名，不成功也能全身而退，公司也不会责怪，毕竟对手太强劲嘛。P 公司的销售总监明白有强烈安全需求的客户一定不会打统包采购 8 亿美元的项目，一定会拆包购买，P 公司只要兢兢业业尽到 120 分的努力去做，争取在第一个项目的所有其他评分标准上都和 I 公司齐平甚至更好，只有市场份额这一条关键采购标准输给 I 公司，那么虽然 P 公司会失去第一个项目，但是换来了客户心中“P 公司也不错，用它实施应该也很可靠”的印象，这样在紧接着第二个、第三个项目的竞争中 P 公司会获得平等的竞争机会。因为：第一，P 公司通过第一个项目在客户面前证明了自己的实力；第二，到第二个、第三个项目时，总行行长应该走过了安全期，不一定需要那一条确保他安全的关键采购标准了，那个时候 P 公司是否有机会帮助设立新的标准呢？

这就是调虎离山之计，即不在客户或者竞争对手设想的时间或者范围内竞争，通过新的创意引竞争对手到一个全新的时间节点或竞争领域，那么就不需要PK客户原有的关键采购标准了，在新的范围内，客户需要设立一个全新的采购标准，而我们也会获得帮助客户设立这个全新的采购标准的机会，等于之前所有全部推翻，游戏换个山头重新再玩。

P公司的销售总监调了一个非常优秀的女销售去担纲这个项目的主销售，去之前签下了军令状——辞职信，意思是拿不下这个项目你就可以走人了，但是拿下了这个项目前途似锦。女销售在该销售总监的出谋划策下从头到尾表现优异，在客户的阵营里获得了很高的评价，然而第一期项目开标，P公司还是以0.7分之差输掉了，仅仅因为市场份额那一条失分太多。签下了军令状的女销售万般委屈，悲从中来，在现场无声地抽泣，I公司团队本来准备开庆功宴的，看这个架势也不好意思多说，溜边都走了。大行长一声叹息，对随行的行长助理说，P公司还是不错的，同时安慰这位女销售：别难过，你们还是有机会的。女销售回到公司准备打包走人，销售总监却抚掌大笑："这不过是我的苦肉计，你干得好，也哭得好，客户对我们现在有些不好意思，正是这点不好意思，足够换来我们在以后的项目中的平等竞争机会，你完全不用走。"果然，在第二期项目中P公司获得了和I公司平等竞争的机会，二期、三期都花落P公司，P公司最后总包了8亿美元项目中除了第一期的全部项目。

调虎离山之计事实上是我们非常明白在什么时间段或者领域无法和竞争对手竞争，因为无法满足客户的关键采购标准，而等到时机，或者换到别的领域，我们就可以平等竞争甚至获得优势竞争的机会，客户不得不自己重新设定或者需要我们帮助重新设定关键采购标准。

P公司的调虎离山之计是等时机，还有些调虎离山之计是换领域。比如，客户打包购买而我方不占优势，我方就想办法让客户拆包购买；或者客户拆包购买而我方不占优势，那么我方就想办法让客户打包购买。不论打包还是拆包，都意味着更换了竞争领域，原有的采购标准都不适用，必须推翻重来，这样我方才有赢的机会。

某医院采购高端核磁共振设备，另外两大竞争对手都考察完了E公司才得到消息，好不容易获得了参与竞争的机会，面对客户已拟定好的采购标准却傻了眼，这一看就是另外一家写的，E公司摆明PK不过啊，怎么办？E公司查到该医院还有一台机器坏了要维修，另外一台机器要升级，这两台机器都是E公司几年前卖的，如果从整体性价比的角度把这个项目更换到新的领域，即某某机器升级，某某机器维修＋某某机器新购，那么竞争对手所设定的采购标准就会彻底变成没啥用。于是E公司提出了全新的创意解决方案，在该医院内部掀起很大争论，但是E公司提出的解决方案确实对于医院来说更省钱也更解决问题，很快在强有力的内线的帮助下获得了支持，而只要这个方案获得支持，几乎也就形成了完全排他的采购标准，毕竟另外需要维修和升级的机器都是E公司的，别的公司没法做啊。

不论是等时机还是换领域，“硬碰硬改标准”手法之四的调虎离山都需要销售丰富的想象力和创造力，很有《亮剑》里李云龙不按常理出牌的兵法风格。

你现在有什么项目遇到了难以 PK 的关键采购标准吗？有没有调虎离山的创意备选方案能让你另辟蹊径呢？

故事 40 价格，价格，还是价格

我们就是传说中的标王

笔者在销售培训中遇到学员提出最多的问题就是：

“老师，现在反腐力度越来越大，好多客户都开始走集中采购，只比价格，怎么办？”

“老师，我们是行业里著名的标王，价格总是超过竞争对手 30% 以上，怎么办？”

“老师，客户对我们很认可，但就是觉得我们太贵，负担不起我们的价格，怎么办？”

问第一个问题的学员是某央企的地方销售经理，当地的政府采购近年来完全统管到政府下辖专门的采购中心去统一招投标了，笔者奇怪的是，央企地方分支机构一向和地方政府守望相助，有非常好的天然联盟关系，为什么央企搞不定地方政府的采购中心？集采有很多种类型，并不是只比较价格，我们见过商务标拉平均分的，即几家竞标厂商竞价，超过平均价的每高出多少就扣分，低于平均价的每低于多少也扣分，这样操作是为了防止有劣质厂商恶意低价竞争，最后做出豆腐渣工程，也有先开技术标再开商务标的，技术完全符合标准再去竞价，同样防止劣质厂商恶意竞价，这些都是非常合理的集采商务标设置形式，为什么我们不可以说服政府的集采中心这样操作而面临只比价格的窘况呢？因此，第一种情况遇到的价格问题只是表象，内里是没有搞定人的问题，如果是这种价格问题就请参照第 4 章《搞定人，处处玄机》中的方法先去搞定人，价格问题自然迎刃而解。

问第二个问题的学员是某外企销售经理，确实他们是行业里传说的标王，贵！但是每个行业都会形成该行业的金字塔结构，会找这家外企的客户要的是品质并不是价钱，图价钱便宜找金字塔底端的很多小厂商就可以，为什么他们也会遇到价格问题呢？是不是我们没能呈现我们的价值，让客户觉得 30%＋的价格贵得不合道理呢？看来这种价格问题也是表象，需要阅读本章的前五篇文章去重新定位和理解客户需求，塑造自己的价值，价格问题也就不是问题了。

问第三个问题的学员也是某外企的销售经理，他遇到的也不是真正的价格问题，而是我们在第 1 章《一个都不能少?》中探讨的客户定位和资源匹配的问题，充分理解我们价值的客户买不起，那他就不是我们的目标客户，客户并不是一个都不能少的。

什么是销售面临的真正的价格问题？让我们来看一个血腥的竞争，高度同质化的行业——电脑销售行业。这个行业各大品牌电脑厂商生产的电脑、工作站等产品的内在构件都是其他内存、主板、CPU 等厂商生产的，这些电脑厂商称为 OEM 生产厂商，因此它们遇到的大量采购都是客户标明了想要采购的电脑或者工作站的内在配置，然后只谈价钱，因为内在配置都不是你们生产的嘛，你们只是把它们根据不同的应用功能组装在一起，机箱设计略有不同而已，所以我就规定配置只拼价格，这个竞标方法听起来非常合理，但是从电脑厂商的角度看完全是血腥的价格大战。这怎么破?

某设计研究院为提高工程设计能力准备采购一批高端图形工作站，财务部和采购部希望规定配置只拼价格，用户部门认为贵的一定有贵的道理，本来很简单的标，整整评了一天还没有结果，最终信息中心项目负责人提出三家参与竞标的品牌做对比测试，如果同等配置下测试结果相差不大，选价格低的，如果测试有很大差异，选效果好的。

价格高于其他公司25%的P公司一开始对测试结果并没有把握，因为各品牌都是相同的配置。客户的测试方案要求一定要突出应用测试和长时间稳定性测试，各家同配置产品在短时间内的测试差距不会太大，根本无法判定。

因此，第一步，P公司建议客户更多地从应用软件角度去测试，提出了很多应用软件选择建议，客户对此非常认可，初步体现了P公司的专业性，其他品牌由于都是销售出面，没有技术参与，缺乏专业理念，最终客户在P公司的帮助下形成了一个全面的客户测试方案。

第二步，在整个前后7～8天的测试过程中，有专人在现场记录、签字认可。P公司充分体现了优化的重要性，有些程序不优化就是很慢，体现不出和竞品的差别，优化以后确实有很大提高，客户对此留下了深刻的印象。

第三步，P公司借测试机会近距离观察对手，发现很多竞品硬件结构的一些不足：D公司工作站体积巨大，搬运、放置都不是很方便，和P公司的机型放在一起差别很大；N公司的送测机型内部结构属于上一代的设计理念，显得非常落伍，配置的宽屏显示器不太适合做桌面设计。P公司将这些信息都反馈给了客户。

第四步，客户通过测试的过程认识到P公司所说的专业支持，P公司的技术工程师全程参与，客户的问题很快都能解决。其他品牌基本上都只是销售来跑跑，专业与否一目了然。D公司还在机器安装软件时出错，无法安装，测试都没有进行，直接就退出了竞争。

最终测试结果揭晓：P公司在经过优化后，在各项指标中基本上都是最好的，完胜对手。当时P公司的销售说了一句话：这个项目就是让竞争对手明白卖工作站拼的可不是价格。客户也非常兴奋，他们把P公司推荐的全面测试方案和测试过程汇总成文，发表在专业权威刊物上，使P公司获得了项目和声望的双丰收。

这个设计研究院的工作站项目，面临的是真正的价格竞争，因为在一开始客户认为在同等配置的情况下价值不会有太大差异，因此打算纯比价格，好在P公司在需求深挖的阶段打动了用户部门，获得了用户部门的力挺，如果客户都没搞定的话，P公司连测试的机会都不会有。

获得测试PK的机会后，在测试阶段，P公司完美地使用了“硬碰硬改标准”的手法之一反客为主和手法之三偷梁换柱，成功修改了客户的关键采购标准，如图5—11所示。

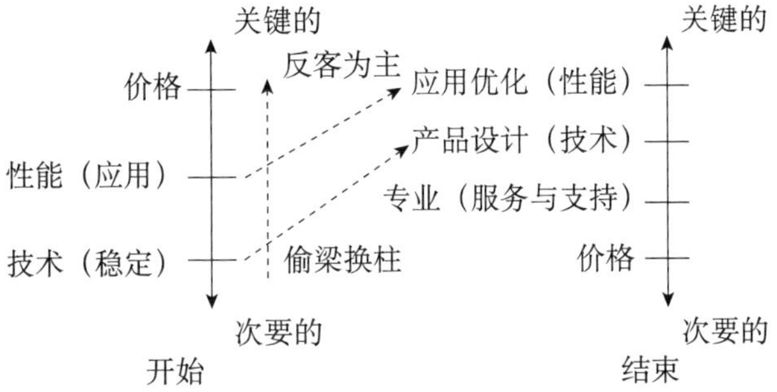

图 5—11　P 公司成功修改关键采购标准

原本设计研究院的关键采购标准第一条就是价格，其次是性能满足应用，再次是技术能够支持长时间的稳定运行。他们规定了统一的配置要求。在经过测试后，客户发现，在配置相同的情况下，机器是否为应用软件做过优化很重要，否则有些程序就是跑不动；产品的机箱结构和整体设计也很重要，否则用起来还是不方便，有问题；然后就是专业的服务和支持，没有技术工程师在，出了问题根本得不到解决。这些都不是同等配置就能保证的，因此应用优化、产品设计、专业的服务与支持反客为主超越价格这条原有的采购标准成为排名第一到第三的标准，价格成了最不重要的衡量因素，毕竟客户买工作站是为了提高工程设计能力，不是为了买便宜货。性能满足应用和技术能够支持长时间的稳定运行也被偷梁换柱重新定义为应用优化和产品设计。客户所有的关键采购标准都被 P 公司顺利修改为最有利于它的指标，P 公司当然会完胜。

你是传说中的标王吗？你遇到的价格问题到底是什么问题？是没有搞定人还是没能呈现价值？还是接待了根本不属于你的客户？

定位你的问题在这本书里找到解决方案吧。

故事 41 三位销售的对话

从产品价值走到生意价值，从销售走到生意顾问

十几年前央视有一期《对话》节目，是三个乳业巨头在乳业还如日中天的时代聚首谈话：我们哪里利润高啊，我们就是给利乐包打工的。

同样，笔者遇到一位顾问谈到在广东某大型饮料 OEM 企业的趣闻：他给该 OEM 企业做管理培训，中午董事长设宴招待，宴席上坐在董事长左手的是位很年轻的小伙子，看起来颇受董事长器重，一交换名片，原来是利乐包销售代表。该顾问非常惊讶，私下里询问董事长："为什么对一个销售代表敬若上宾?"董事长笑了："没有他，我们不知道到底该不该上利乐包，怎么上，上了以后怎么卖，他不是来卖纸包装盒的，他是来帮我们改变生意模式的。"

都是包装行业，某包装集团 20 几个子公司的总经理大会，一众总经理不断吐槽：这个行业真的是越来越难做了，特别是 PE 瓶子，一竞标就是比价。采购一张嘴就说："我的考核 KPI 就是每年采购成本下降 5%，因此今年你们必须降价，价低者得。"按照采购这个算法，那 20 年后我们就得不要钱供应给他了，这还怎么做啊。

包装行业里卖马口铁的销售笑了：我们吧，还行，没有 PE 瓶子那么惨，但是也就微利，微利！客户也不容易，毕竟八宝粥罐头、午餐肉罐头、凉茶罐比瓶装饮料也没贵到哪里去。

发生了什么？不都是包装材料吗？为什么有的销售挣扎在盈亏平衡线上，有的销售还能保持一定的利润，有的销售挣得让客户高呼我们就是给他打工的？是因为材料贵贱？没觉得纸包装、PE 塑料包装和铁皮包装的原材料价格有那么大差距啊！是因为我们的销售方式？什么样的销售方式的差异会造成这么大的价格差异呢？

卖 PE 瓶子的销售，将自己定位于产品供应商，对购买 PE 瓶子的客户的生意模式、产品生产工艺和流程等不了解也没有影响，能够拼的就是 PE 瓶子之间的差别：外观、厚度、材料成分等，打单层面一般在采购供应层面，价格成了销售难以翻越的一座山。

卖利乐包的销售，将自己定位于生意顾问，对食品饮料业的生意模式、产品生产工艺和流程甚至内部管理模式都有透彻的了解，提供的是全套生意模式转型和管理的解决方案。利乐包这个包装产品只是其中的一个载体，打单层面非常多元和立体，一般都和董事长、总经理深度探讨生意和生产、管理的转型，关注点集中在怎么帮助客户盈利和缩减成本。客户只要能用利乐包解决方案实现生意的腾飞，价格就根本不是问题。

那么，我们需要成为哪一种销售呢？

有些销售老大说，这得看情况，有些时候，我们只需要培养产品型销售就足够了，比如，产品具有绝对技术优势和相对垄断的行业，或者身处经济大腾飞的时代。

在中国经济大腾飞的过去20年里，基础建设高速发展，带动了大批产业成为“站在风口的猪”，只要有货就不愁卖！在那个黄金时代，某外资企业全球业务高管会上中国区老大发言：“如果有100块，请投资99块在中国市场。有10块，请投资9块在中国市场。它永远不会让你失望。”也有化工业民企老大贷款筹建了亚洲最大量级的生产线，这个时代只要培养会卖产品的销售就好，价值定位于产品供应商也没有问题，很多时候很多企业的产品供不应求，甚至很多原材料供应商会囤货居奇。

有些时候，我们需要培养顾问型的销售，比如，产品同质化严重的行业，身处经济局势不太好的时代。

现在整个中国经济发展趋稳甚至下滑，很多外企的销售额只能完成原定的7～8成，中国区开始缩紧预算甚至大幅裁员。民企老板们贷款投资的生产线不敢拉足产能生产，囤货已经不可能，能顺利按时卖出去降低仓储压力和成本就不错了。

可是这个时候，原来习惯了卖产品的销售能转型做客户的生意顾问吗？很多化工企业的销售根本不知道自己的货卖给客户以后，客户到底用来干什么，更别提了解客户的生产工艺流程、运营管理模式和生意模式了。当然，在这样的基础上，从产品销售转型为顾问式的销售，考验的不仅是销售人员的转型，也是企业的销售模式和产品模式的转型。传统的产品型销售企业和解决方案型的销售企业的内在结构、流程和管理方式从本质上就有很大区别。于是，多少传统的产品销售型企业成了风中之烛，面临巨大的生存压力，而这些企业的销售呢，是不是在市场上也奋斗得越来越艰难？

这样看来，似乎盛世也应居安思危，成为客户的生意顾问，不论是对企业的基业长青来说，还是对于销售人员的职业生涯来说，都更具有竞争力和生存价值。

比如，3M 的某代理商，20 世纪 90 年代中期已经开始代理 3M 产品，该代理商的老板志存高远，那个年代虽然只要做代理就不愁卖，很挣钱，但是他看到这样的生意从长远来说受制于 3M 的品牌和市场地位。如果一个代理商只代理一个产品就能挣钱，和一个生产商只生产一种产品就能挣钱一样危险且没有保障，完全受市场和经济局势的左右而没有抵抗能力。于是，这位老板从产品增值、服务增值和销售增值三个角度去重新搭建公司的管理、运营和营销模式，打造自己的独特价值，至今一直保持每年 17％～19％的生意增长，在市场起起落落中保持了自己独特的生命力。

企业需要打造的是企业的生命力和价值，通常着力于品牌和产品。那么销售呢？如果只谈销售的价值，每一位销售需要问自己的都是："撇开公司品牌和产品的价值，我在生意上的独特价值是什么？"我只是"会说话的产品说明书"，或者我是客户的生意顾问？

6

踩准鼓点，控局前进

关键词

采购流程与销售流程

标杆与梦想

预算边界与预算周期

核心方法论

采购流程与销售流程

<table>
<tr><th>常见错误</th><th>销售动作</th><th>销售阶段</th><th>采购阶段</th><th>客户典型问题</th><th>阶段转移标志</th></tr>
<tr><td>● 是单就接
● 每单都付出同等努力和资源</td><td>● 掌握优化客户信息
● 在客户内部找到接纳者，建信息源
● 准确进行客户定位和机会定位</td><td>商机评估</td><td rowspan="2">确认需求（买不买）</td><td rowspan="2">● 我们有什么样的问题
● 问题是否严重到要花成本解决，花多大成本
● 现在是解决问题的时机吗</td><td rowspan="2">客户认为问题严重到必须要改变，因此决定立刻采取行动</td></tr>
<tr><td>● 未能了解客户需求背后的问题
● 过早地做产品展示</td><td>● 需不需要进行价值重塑
● 找到正确的人（不满者和权力者）
● 深入理解客户需求背后的问题，扩大问题，促成决策</td><td>挖掘需求（让你买）</td></tr>
</table>

续前表

常见错误	销售动作	销售阶段	采购阶段	客户典型问题	阶段转移标志
● 不能了解客户制定决策所采用的标准 ● 没有试图去改变或影响已存在的标准	● 根据客户需求建立标准，匹配标准 ● 发现标准，影响标准，匹配标准	设立标准（买什么，我最好）	方案评估（买什么）	● 我们采购的标准是什么 ● 哪个竞标者更符合我们的标准	● 客户已经有明确的决策机制与标准，可以用其来选出一个或多个最终供应商
● 忽视客户疑虑 ● 施加压力以促使客户尽快做决策	● 主动发现客户疑虑，解决疑虑 ● 创造疑虑，扩大疑虑	确认合作（买得对）	解决疑虑（买得对不对）	● 潜在的风险是什么 ● 如果出现问题会怎样 ● 我们能信任这些人吗	客户做出购买决策
● 不能把实施作为一种销售机会 ● 不能预期实施中的薄弱环节	● 有效参与安装实施 ● 积极开发新需求	客户管理（买得好，继续买）	实施安装（买得对不对）	● 我们能从这一决策中获得什么价值 ● 我们多快能看到结果	产生新的需求及不满

开发新需求——如何踩着客户的预算周期走

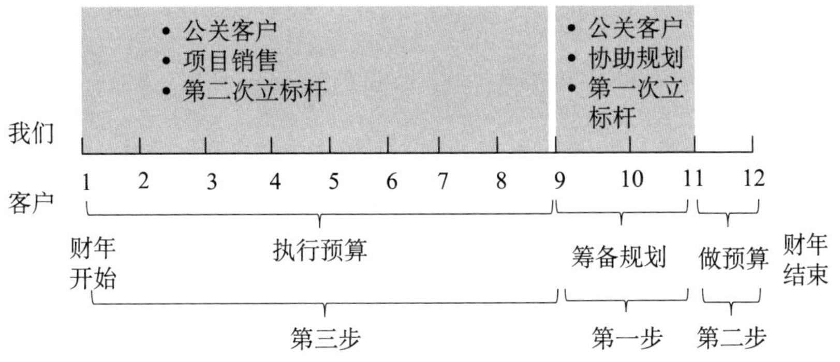

客户什么时候做预算？客户什么时候执行预算？

章节要点

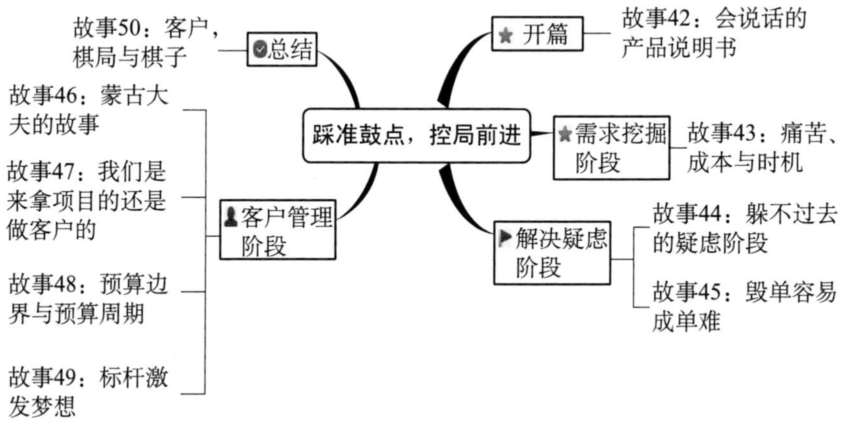

故事 42 会说话的产品说明书

采购流程与销售流程

笔者经常在销售培训中带领不同的销售队伍绘制他们的销售流程图和采购流程图。在绘制的过程中，大概会发生这样一些情况：

1. 画完客户的采购流程图，再画己方的销售流程图时发现，有一半的客户采购流程销售没有参与，比如，客户内部是如何发起需求的，需求是如何被内部审核通过立项的。己方的大部分销售流程启动于客户已经明确立项、找供应商来比产品和方案时。

2. 画完客户的采购流程图，发现己方的销售流程很难与之匹配：客户的整体采购流程中我们做的销售动作基本都是介绍公司、产品和方案，对客户内部如何发起需求，如何成功通过审核立项，立项后应该如何选供应商没有试图去影响，也没有帮助。

3. 当然，更糟糕的是很难描摹客户的采购流程，但是对己方如何进行推销的流程非常清晰。

这些情况都说明，很多销售队伍的动作都集火在如何推销，他们所谓的对客户需求的理解就是去研究“客户的要求”，他们贯穿始终的销售动作是如何根据客户的要求成功推荐自己的产品和方案，并且不断响应要求作出相应调整。这类销售就是我们在第 4 章和第 5 章中多次提到的“会说话的产品说明书”。

如果你是个初级销售，或者所处的行业平均成单金额很小，那么作为一个好的“会说话的产品说明书”可能就足够了。如果你所处的行业平均成单金额很大，那么你一定会遇到巨大的赢单率的压力。大单的赢单过程就是对客户的采购流程的影响和控制的过程，很难单凭纯熟的产品推荐技能就能拿下。

不做“会说话的产品说明书”，首先要研究客户的采购流程，即客户是怎么买的？然后去匹配自己的销售动作，按照“客户想怎么买”的流程去匹配自己的销售流程。

如表 6—1 所示，深入研究客户采购流程我们会发现，贯穿于客户采购流程的是客户的心路历程，每个阶段客户都有自己的典型疑问，而疑问得到肯定的回答后就会转移到下一阶段。

表 6—1 采购流程与销售流程

常见错误	销售动作	销售阶段	采购阶段	客户典型问题	阶段转移标志
● 是单就接 ● 每单都付出同等努力和资源	● 掌握优化客户信息 ● 在客户内部找到接纳者，建信息源 ● 准确进行客户定位和机会定位	商机评估	确认需求（买不买）	● 我们有什么样的问题 ● 问题是否严重到要花成本解决，花多大成本 ● 现在是解决问题的时机吗	客户认为问题严重到必须要改变，因此决定立刻采取行动
● 未能了解客户需求背后的问题 ● 过早地做产品展示	● 需不需要进行价值重塑 ● 找到正确的人（不满者和权力者） ● 深入理解客户需求背后的问题，扩大问题，促成决策	挖掘需求（让你买）			
● 不能了解客户制定决策所采用的标准 ● 没有试图去改变或影响已存在的标准	● 根据客户需求建立标准，匹配标准 ● 发现标准，影响标准，匹配标准	设立标准（买什么，我最好）	方案评估（买什么）	● 我们采购的标准是什么 ● 哪个竞标者更符合我们的标准	客户已经有明确的决策机制与标准，可以用其来选出一个或多个最终供应商
● 忽视客户疑虑 ● 施加压力以促使客户尽快做决策	● 主动发现客户疑虑，解决疑虑 ● 创造疑虑，扩大疑虑	确认合作（买得对）	解决疑虑（买得对不对）	● 潜在的风险是什么 ● 如果出现问题会怎样 ● 我们能信任这些人吗	客户做出购买决策
● 不能把实施作为一种销售机会 ● 不能预期实施中的薄弱环节	● 有效参与安装实施 ● 积极开发新需求	客户管理（买得好，继续买）	实施安装（买得对不对）	● 我们能从这一决策中获得什么价值 ● 我们多快能看到结果	产生新的需求及不满

比如，很多企业都有自己的主打服务银行，如果有新的银行来公关，客户首先会在自己心里甚至在企业内部多方确认需求，琢磨的是："要换主打行吗"，而不是首先考量"这家来公关的银行怎么样"。

如果客户经过考量觉得原来的主打服务银行问题很大，确实打算换一家主打行，进入方案评估阶段，客户首先要琢磨的是"我到底要换一个什么样的主打行，它一定要达到什么水准"，而不是在标准没有形成时就衡量"来公关的这家银行怎么样"，因为这样的衡量非常模糊，如果只是多一家银行合作无所谓，但换主打行可要好好考虑清楚。

客户考虑清楚要什么样的主打行，也衡量了你确实符合他们的标准，决定选你之后，在签约之前甚至签约之后，客户都会有一个心理诉求，那就是"我选的到底对不对"，他会通过各种方法观察测试你，看看自己有没有选对，而测试的结果决定了我们能否真的变成主打行或者能做多久主打行。

作为银行，我们应该怎样公关客户呢？看上面这个采购流程的描述就知道不太可能见客户一两次就成功成为主打行，曾经有统计称一般成单是在见客户的第 4～11 次，这 4～11 次见面都谈什么？做"会说话的产品说明书"从头到尾谈产品、谈品牌？很容易见两三次之后就没啥说的了，客户也会很反感，觉得我们是来搞推销的。那谈什么？

首先，如果客户还在考虑换不换主打行，我们应该做的难道不是"如何让他换吗"？找到客户为什么会动心考虑"换不换主打行"，集火让这个理由越来越有力，客户才会真正决定换主打行。如果这个时候搞推销，介绍自己银行的服务特色、产品优势，销售经理可能还把领导请来忽悠几次，虽然都相谈甚欢，但是客户迟迟没有和我们合作的动作，因为客户还是理不清楚“我到底该不该换”！我们是应该等待客户自己想清楚，还是帮助客户想清楚？哪种对推动我们的销售进程更有帮助呢？

其次，如果客户已经进入考虑“换什么样的主打行”的阶段，我们应该做的难道不是了解客户是否有对主打行的衡量标准吗？如果有，就看看该标准对我们是不是有利，有利就支持，不利就想办法影响和修改到有利；如果没有，我们就主动帮助客户建立对主打行的衡量标准。如果这个时候销售还是推销产品和服务，可能在拿到客户要求或者标书的那一刻才恍然发现：“呀，怎么有好多条我都满足不了啊”，这意味着可能又是白忙一场。什么时候是推出我们的核心产品和服务的最佳时机？当然是在帮助客户建立对主打行的衡量标准之后，那个时候推出我们的产品和服务才能证明“换我们才是对的啊”！否则极有可能证明“我们也不是一个好的选择”！那个时候真的是后悔也来不及了。

第三，等到客户基本决定选择我们，在衡量“我换的对不对”时，我们需要快速洞察客户内心的疑虑，控制实施服务过程，让客户越来越觉得“我换的对”，这个时候没有推销产品和服务的必要。

因此，好的销售流程一定不是一个“会说话的产品说明书”的推销活动的流程，而是根据采购流程匹配甚至影响采购流程的过程。碰到很懂得怎么买的客户，我们需要匹配他的采购流程，真正帮助他思考清楚每一个阶段的关键点。有的时候，我们也会碰到一些不太懂得怎么买的客户，我们就需要用好的销售流程来影响和推动他们正确地买。

比如，很多客户会对销售提各种各样的要求和问题，待销售回答或者满足之后，客户又会想起更多的问题来看看销售能不能解决，这常常让销售觉得：“这客户怎么没完没了啊，他到底要买什么样的产品和服务?”事实上，可能是这个客户还在需求确认阶段，没想清楚到底该不该买，不断提问来考虑买的必要，也可能是这个客户在方案评估阶段不知道应该买什么样的，于是不断提要求，总是在一个要求之后又觉得另一方面也很重要，于是再提一个要求。这样的客户都需要销售积极地帮助，帮助他们思考要买的理由，或者帮助他们思考到底应该建立什么样的采购标准，而不是只顾着推销自己的产品和服务，这只会让客户更困惑应不应该买和应该怎么买。

不做“会说话的产品说明书”，熟知客户的采购流程，帮助客户正确采购，用恰当的销售流程去匹配和影响客户的采购流程，推动客户采购流程呈圆环状生生不息地流转，销售才能真正做到踩准鼓点，控局前进。

故事 43 痛苦、成本与时机

是什么让客户决定买

十余年前，市场上突然出现很多电话卡可以以 30 元价格购买，而这些电话卡的面值是 100 元，这些电话卡的预售一时间卖得非常火。某著名网络设备公司销售敏锐地捕捉到了这个市场机会：如果这些三折电话卡到达使用期，以该电话卡发行公司目前的线路容量绝对承载不了这么大的流量，他们一定需要语音扩容设备。于是主动联系该电话卡发行公司，果然该公司非常热情地接待了他，该公司副总经理出面洽谈多次，但就是迟迟不做购买决定，再拖下去，扩容都来不及了，为什么？

最近一起商场自动扶梯吞人致死惨剧引发社会热议，很多客户在购买电梯以及电梯维保服务时只看价格，有些电梯厂商和大量第三方非正规维保公司也只凭低价拿单，造成电梯以及电梯维保缺乏质量保证，事故频出。出了事故以后，拥有电梯的客户被推向舆论的风口浪尖，他们当初采购时也绝不想造成今天这样的局面，为什么还只关注价格，而忽略了质量呢？

很多大公司为了节约成本会采取电脑租赁的方案而不是采购，这样电脑坏了或者必须更新换代也不必再付出一次采购成本，直接通知租赁公司换就可以了。但是，大部分租赁的笔记本电脑都是统一型号，和市面上不断推陈出新的各种新款笔记本电脑比，外观略显陈旧，也略显笨重。可是看起来，这些很注重形象，在公司装修和文档美感上要求很高的大公司好像也没什么意见，为什么？

很多时候，客户会有一些痛苦，这些痛苦让他们觉得工作起来不是那么愉快或者顺手，比如那些使用租赁笔记本电脑的大公司职员们，但是相比款式不断翻新和轻薄度很高的笔记本电脑租赁费用，这些大公司的采购部门觉得这点痛苦还是可以接受的。

如图 6—1 所示，在需求确认阶段的客户多半在心中有个衡量的天平，天平的左面是痛苦的程度，右边是解决这样的痛苦需要花的成本，天平的平衡中心是“现在是不是采购的时机”。

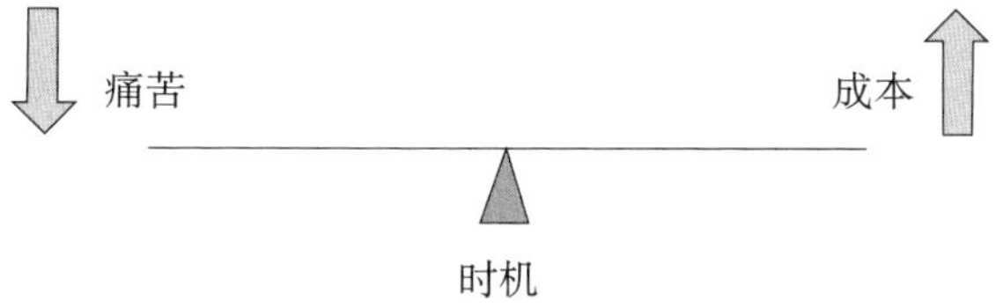

图 6—1　客户心中的天平

如果客户本身的痛苦并不严重，或者销售也不能在天平的左边“痛苦”上发力让客户认识到“这样的痛苦再发展下去会很严重”，客户就会降低在成本上的投入，因为仿佛“不值得为解决这样的问题花那么大的代价”。比如，选择租赁笔记本电脑本来就是为了节约成本，现在为了一点美观性和轻薄性要花那么大的代价，还不如直接买了呢，不合算。

电梯事件所谴责的很多客户们，其实也很冤，他们并不是电梯的专业技术人才，并不了解电梯的运行原理和应该如何保障，作为采购人员，他们大部分承担着降低成本的指标，如果销售不能够让他们明白什么叫做高质量的电梯，什么叫做低质量的电梯，每日例行的电梯运维保障到底能够保障什么、规避什么，这些采购人员就会觉得电梯嘛，反正能开就行，一般不会出事的，只去比价格。糟糕的是，市场上大部分的销售都把客户的要求奉为圣旨纶音，如果客户对采购价格很敏感，就会想各种办法去满足，那些严格管控质量而满足不了厂家的销售，内心深处可能还埋怨：我们的价格实在太贵了，你看又输标了！很少有销售会从客户真正的使用需求出发，来帮助客户厘清采购利弊，规避这样惨痛的电梯杀人事故。笔者相信，经过新闻曝光这些电梯伤人事故后，几大国际电梯品牌公司的销售要好做多了，因为客户尝到了天平左边“痛苦”的滋味，甚至因为这些事故引发了他们职场地震这种更深的痛苦，客户们会普遍觉得为了解决这样的痛苦，值得在天平右边的“成本”上付出更多的代价。

你看，如果销售不能在天平左边的“痛苦”上发力，要么就会面临客户漫长的需求确认阶段迟迟不买，要么就在天平右边的“成本”上遇到巨大的压力，高质量、高价格的厂商因此丢掉单子，低质量、低价格的厂商得以中标，在以后的服务中偷工减料来弥补价格损失，最后出事，吃大亏的可不仅仅是客户，这样的厂商的销售也会遭受毁灭性的打击。

电话卡的那个客户是怎么回事？眼看发出去的卡快到使用期限了，再不扩容，买卡的客户们因为流量限制问题都打不通电话，这可就是重大的事故啊！这痛苦还不严重？为啥还迟迟不买？

首先，让我们看看这家客户为什么会突然大量以三折发卡，原来是由于经营不善，该客户连工资都发不出来，拖欠了全国十几个省市员工三个月的工资，他们当然明白眼下必须扩容，但好不容易弄了点钱发员工工资，哪还能再找来几个亿做语音扩容啊。

卖语音扩容设备的销售明白这个原因之后，四处为该客户牵线搭桥找银行，最终在一个央企的担保下，某银行贷款几亿元给该客户，最终顺利完成了语音扩容项目。

卖电话卡的客户不是痛苦不严重，也不是嫌成本贵，而是压根儿拿不出这个钱，但是逼到了即将造成重大事故这种重大痛苦的时机，即使贷款也要解决这个问题。

我们正在推进的很多还在需求确认阶段的案子，是客户的痛苦不够深，是客户嫌解决的代价太贵，还是客户觉得没到解决的时机呢？

很多时候，客户也明白问题很严重，也觉得你的解决方案合理，但就是迟迟不启动项目，可能是因为没有到时机。比如，某些客户正在换领导，在这个时间点搞一些新项目，搞得好没处邀功，搞得不好分分钟有人放冷箭，何必呢，不如拖到新领导到任，请示后再启动，“抱大腿”和“解决问题”同步进行岂不两全其美？

痛苦、成本和时机，这个客户在需求确认阶段使用的天平，你掌握了吗？只有瞅准时机，发力在客户的痛苦上，我们才会减轻在成本上遇到的压力，客户也才会觉得确实应该推动项目立项，走入下一步实质的方案评估阶段。

故事 44 躲不过去的疑虑阶段

客户签约前最后的恐惧怎么破

某国际大公司销售总监曾经统计过自己几十年销售生涯中“中标了还黄了”的项目大概有 37 个。天啊，多少销售奋发努力，夜不能寐，为的就是中标后那种胜利的狂喜，怎么中标了还能黄菜?

即使不黄菜，大部分销售也遇到过中标后客户提出各种无理要求：再优惠一点，再赠送一个，我们的付款期限需要再延长，整个实施过程能不能再加……这都怎么了?都已经选我们中标了，怎么还那么不放心?

又有销售冷冷地说：给你提要求还算好的，最可怕的是宣布我们中标后反而避而不见，拖着不签合同，也不告诉你个准信，你都不知道发生了什么。这是要黄菜了还是有什么不满意，给句痛快话，别这么折磨人啊。

发生了什么?是什么让客户在签约之前感到恐惧，迟迟不能下决心把项目真正交给我们实施?

让我们来看两张图。

如图 6—2 所示，销售在项目早期和客户接触时，为了打消客户的价格疑虑，主要集中精力挖掘和构建客户的痛点和需求，讨论应该选择什么样的方案来解决这些痛点达到需求目标，但是随着供应商的确定，越临近签合同的节点，客户原有的价格疑虑会重新爆发，同时实施疑虑也升到最高点，这好比我们买房子，动不动就搭上自己一生的积蓄，在最后付钱之时总有最后的恐惧：我是不是买对了?因此，越是大的项目，越临近签合约之时，客户也越疑虑自己是不是做了正确的选择。

再看图 6—3。在项目的早期，销售努力构建客户只要付出成本就能得到什么，强调解决方案能够为客户节约成本、增加收益。经

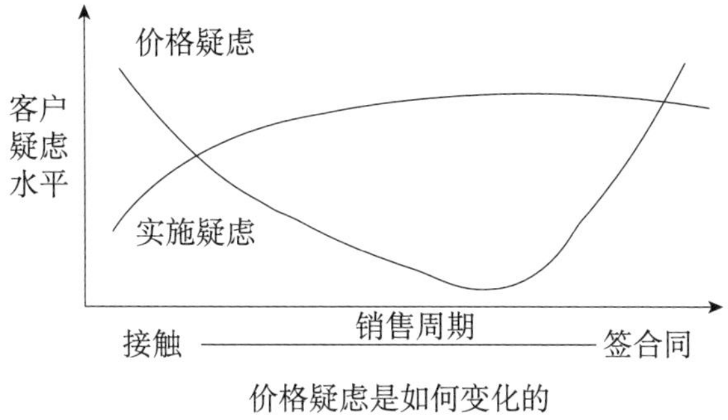

图 6—2 引起疑惑的原因（Ⅰ）

过一番斡旋，竞标、开标，越是大的项目，客户内部越可能有不同的声音，让客户发觉风险不仅是这张订单给谁，是否正确，更大的威胁是还有可能影响他的职业生涯，以及其他可能更严重的结果，于是产生疑虑并在客户心中不断蔓延。

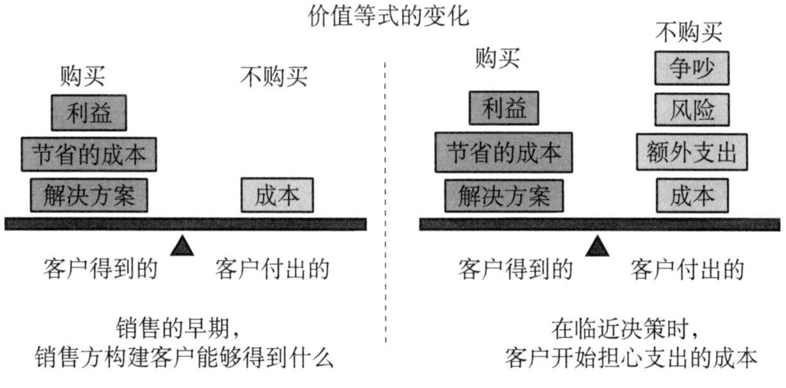

图 6—3 引起疑惑的原因（Ⅱ）

怎么办？有很多销售在洞察到客户在签合同前的种种刁难或者拖延是因为在最后关头爆发了严重的疑虑和恐惧以后，会采取三种方式：

1. 施加压力。利用客户的时间压力给客户施压，申明再不签约就来不及了，或者再不实施就会耽误工期等。

2. 打包票。让客户放心，他担心的那些问题不会发生，这个项目对我们也很重要，我们一定狠抓实施，不会给他捅娄子的，等等。

3. 开处方。针对客户担心的问题一一给出解决方案，让客户放心，我们一定能解决。

这三种方式能够帮助解决客户内心的隐忧和最终的恐惧吗?

如果我们采取施加压力的方式，只会更加让客户觉得：你果然有问题，你现在只想规避问题快速签约，于是客户更加不敢跟你签约，最严重的后果是极有可能废标再招。

如果我们努力针对问题去给客户“打包票”或者“开处方”呢?这总算是敢于直面问题来帮他解决了吧?可是这些“打包票”和“开处方”的话，难道不是我们在销售阶段就已经说了又说、曾经一度说服客户的那些话吗?不正是因为这些话客户才让我们中标的吗?为什么现在客户又疑云再起呢?销售这时再重复那些话还有用吗?

因此，在疑虑阶段，需要直面问题的是销售：客户为难我们的真实原因可能是在最后关头对我们不信任了。我们需要解决的是如何重建信任，而不是如何“打包票”和“开处方”。那么，在这最后的关头，如何和客户重建信任呢?

首先，如果我们能够认识到，在每个项目中标后都有一个躲不过去的客户疑虑阶段，我们在赢标后开的就不是庆功宴，而是疑虑恳谈会。

笔者真诚建议所有项目在中标后销售都立刻召开疑虑恳谈会，和客户开诚布公地聊一聊：关于这个项目的实施可能会遇到哪些难题？这些难题客户有什么解决方案，我们有什么建议的解决方案？如何控制这些难题的影响，我们双方如何协同合作？等等。

这样的疑虑恳谈会非常有利于在客户的疑虑还没有浮现之前就直接打消最后的恐惧，给客户带来一种“合约才是你我关系的开始”的感觉，那么销售们不但能够顺利地按照招标结果迅速签约，迈入实施，而且为实施打下了良好的合作基础。

其次，如果有些刚拿下的项目，我们不知道或者忘了要开疑虑恳谈会，客户的疑虑已经显现，我们就必须告诉自己：不要忽视疑虑，我们需要直面疑虑的存在，我们需要和客户重新建立信任关系。

如何重新建立信任？让我们试试打情感牌，从项目早期一路走来，其实在和竞争对手以及客户内部的政治敌手斗智斗勇的过程中我们之间曾经建立起“革命友谊”，现在销售需要一个私密的场合来重新唤醒这种“革命友谊”。

笔者从来都是反对在“酒水和洗澡水”中出单的，但是在帮助客户克服最终恐惧的疑虑阶段，笔者建议销售把客户约出来好好喝顿感情酒，回顾一下，自认识以来，你们曾经一起迈过的沟、跨过的坎。回顾完了表示：如今兄弟感到伤心啊，兄弟你怎么就不信任我了呢？你有什么话、有什么不放心不能明说呢？这个时候，只要客户被销售的真诚回顾感动了，多半都会有点不好意思，多半也能说出点掏心窝子的话：这个项目很重要啊，万一不成功则成仁啊，这里面有几件事情确实让我不放心，等等。

只要销售能够打开客户的心扉，让客户说真话，那么信任就重新建立了，下面就该是销售继续“开处方”和“打包票”了，如果这个时候客户对你开出的“处方”、打出的“包票”还心存疑虑，那么你能做的就是找你的老板或者更高层来作出相应的承诺，大部分情况下，疑虑就此能够得到真正的解决，销售终于可以顺利跨过疑虑阶段走入签约阶段。

面对躲不过去的疑虑阶段，最有效的方法还是在疑虑未出现、竞标刚结束时开疑虑恳谈会，因为敢于直面之后的项目实施中有哪些不放心的和可能出现的问题，才真正昭示我们是客户值得信任的合作伙伴，只要客户和我们相互信任，疑虑就不会尘埃泛起。如何防范和处理客户在签约前最终的恐惧，你掌握了吗？

故事 45　毁单容易成单难

输标了，如何让客户废标再招

某客户生产线项目招投标，上午招标结果公布，B 公司中标，C 公司销售总经理斯蒂芬下午急飞广州，落地后包车赶赴客户所在的城市，销售紧急安排了当晚斯蒂芬和客户董事长的饭局，意图力挽狂澜。第二天下午，在斯蒂芬从广州飞赴台湾的同时，客户宣布废标重招，一个月后，C 公司顺利中标。这是什么神奇的饭局，能挽狂澜于既倒？

还记得第 5 章中《硬碰硬改标准之四：调虎离山》一文中整体

预算8亿美元的某国有银行南北数据大集中项目吗？正如所有人预料的那样，I公司如期拿到了第一期工程，而出人意料的是，市场份额在银行业如日中天的I公司仅以0.7分的微弱优势胜出，而且I公司在接踵而至的其他分期工程的竞标中节节败北，最后输掉了后两期的项目。怎么回事？第一期都拿下了，占据有利形势的I公司，后期怎么这么不给力？

事实上，我们在本章《躲不过去的疑虑阶段》一文中已经充分探讨了客户在宣布某供应商中标之后、签约之前，会进入一个最后的疑虑阶段，担心自己是不是选对了。

通常如果是一个非常大的项目，或者客户内部参与决策的人多而且支持哪家供应商的声音不一致，又或者参与竞争的供应商很多而难以决策，再或者采购周期因为复杂的决策需求和争论拖得很长、后期实施难度非常大或复杂，这些情况都会导致客户在最后的疑虑阶段非常恐惧，因为这次采购决定如果做错了，不是项目搞不搞砸的问题，而是他的职业生涯会不会就此搞砸的问题。

I公司面临的就是典型的这种情况：该国有银行行长上任刚刚半年，整体8亿美元的项目实在太大，P公司在第一期工程的竞争中表现得非常优秀，I公司仅以微弱优势胜出，这都是非常危险的信号，预示着客户对I公司极有可能并不是完全满意，可能存在很深的疑虑。I公司的销售在赢了第一期工程后，最应该开的不是庆功宴和实施布置会，而是内部研讨会来研究这次为什么胜得这么艰难，客户对己方会存有哪些疑虑，应该如何打消这些疑虑，然后主动召开客户疑虑恳谈会，通过进一步的沟通和实施巩固己方地位。

可惜的是，I公司的销售觉得，不管P公司这次表现得多么优秀，我们赢了就是赢了，胜者为王败者寇，赢标这个事实证明客户的天平最后还是倒向了我们，完全忽略了客户最后的疑虑阶段，吹着胜利的号角直接迈向了实施阶段。

相反，P公司的销售在布局能力极强的销售总监的带领下，洞察到客户在最后的疑虑阶段的恐惧：选I公司是因为它是业界最著名的供应商，如果选错了也不是还在安全期的行长的错，可是如果I公司真的实施不好，那也很麻烦，毕竟这是一个业界瞩目，惊动了很多高层的大项目，真的是只许成功不许失败啊，I公司真的能实施好吗？如果不行，等第一期结束一定要换，我们要利用这段缓冲的时间真正选一个能帮我们实施好的公司。

P公司虽然输了第一期工程，却和客户保持紧密沟通。因为第一期工程中对P公司表现的赞赏和对在第一期工程中只能让P公司陪标略感愧疚，客户很愿意接见P公司的销售，P公司趁此机会为客户出谋划策，让客户觉得对于整体工程的规划，甚至第一期项目的实施，P公司都比I公司更精心、更专业，采纳了P公司的很多意见，给I公司提了很多要求，以确保第一期工程完美收官。至此，客户更加感激P公司，更加遗憾第一期工程给了I公司，基本可以想象，到了第二期工程项目招标，那将是一个不平等的开始，客户对P公司有明显的倾向。

所谓“毁单容易成单难”，如果我们仅仅以微弱劣势输掉了一个项目，而这个客户地盘对我们又非常重要，那么不用害怕，我们完全可以利用疑虑阶段中客户那些难以察觉的恐惧、不明确表现出来的忧虑，想办法让“恐惧成真”，从而达到翻盘的目的。

什么叫做翻盘？可以是两种情况：一种是像P公司这样丢卒保车，丢掉第一期工程是为了拿下其他所有工程；另一种是像C公司那样直接让客户就C公司已输掉的项目废标再招。

如何翻盘？最关键的是研究清楚客户内心对已赢标的竞争对手的忧虑和恐惧到底是什么，能否发力加大这种忧虑和恐惧，激发客户的安全需求，让客户觉得和竞争对手合作非常不安全，当这种不安全感升到顶级时，客户自然会废标再招的。

比如C公司的销售总经理斯蒂芬和客户董事长在饭局上只谈了两件事：(1) 客户的第一条生产线集成的是B公司的产品，第二条生产线还集成B公司的产品，鸡蛋放在一个篮子里安全吗？(2) 这第二条生产线竞标时B公司突然降价20%，这证明客户公司内部有人有问题，第一条生产线的采购价格也有问题，这样的供应商再合作下去安全吗？斯蒂芬相信客户的董事长并不在乎哪家供应商会赢标，他在乎的是和哪家供应商最能够实现他对企业的规划，“鸡蛋不放在一个篮子里”本来就是他在第二条生产线采购之前说的话，这次竞标会演变成这样，相信也很出乎董事长的意料，因此，第二天废标再招就是必然的事情了。

如果我们以微弱劣势输标了，如果这个项目或者这个客户真的对我们很重要，如何在疑虑阶段利用客户最后的恐惧扩大客户的不安全感，叫停项目甚至废标再招，给我们赢得再一次竞争的机会，你学会了吗？

故事 46 蒙古大夫的故事

实施管理三步走

小孙新签了一个大单——某国有银行的分行一年 67 期的客户经理轮训，每期五天，一张培训单子接近千万元，别提小孙有多开心了。可惜，实施过程中状况不断：客户经理们出勤率不高，总有人迟到早退；课前课后布置的作业和任务很难收上来；更糟糕的是有人向行领导投诉课程不接地气，和银行业的实际工作情况结合不够紧密，培训没啥用。为此，该分行培训中心的项目负责人受到了巨大的压力，不断叫小孙整改，眼瞅着再这样下去，明年在这家行的生意肯定没戏了，这不成了一次性买卖？

林奇的情况也没好到哪里去，自从设备入场后，客户就不断催促到底什么时候设备能安装调试好投入使用。客户为了让设备尽快顺利入场，按照林奇公司的要求耗时半年对厂房做了大规模的改建翻修，现在好不容易等到设备入场，恨不得立时三刻就能开机运行，但是全进口设备和该厂系统的融合调试需要一定时间，哪里是说好就能好的，客户催得林奇三天两头泡在德国工程师堆里，德国工程师们也很恼火，觉得客户这是罔顾生产安全在催促安装调试进度，纷纷质问林奇当初没有和客户说清楚安装调试的期限和要求。林奇一时成了风箱里的老鼠，两头受气。

你看，有些项目，好不容易拿下来，实施阶段不断出状况，真是没有一分钟让销售省心的，这可怎么办？

事实上，如果我们没能洞察客户在实施阶段的心路历程，并且提早予以预测管理，那么不仅在有些项目上，在几乎所有项目上都容易遇到状况，销售经理焦头烂额地处理各种客户警告、投诉和抱怨，处理不好，不但得罪内部实施的资源，还极有可能失去和客户下次合作的机会。

如图 6—4 所示，客户普遍在实施阶段会走过三个心理阶段。

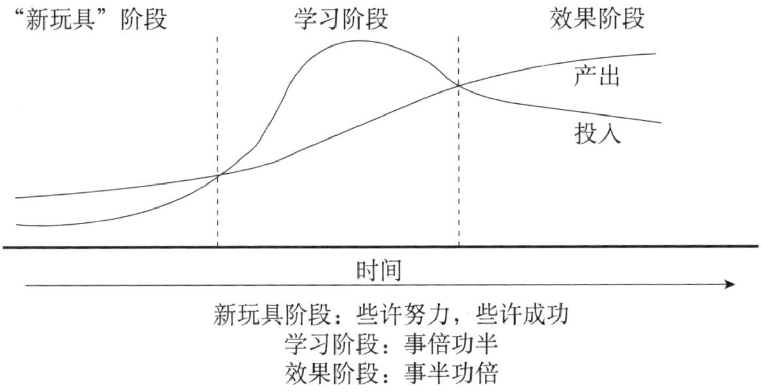

图 6—4　实施中客户的三个心理阶段

一开始客户会觉得很好奇、很有趣，终于买到这个新服务或者新产品了，这叫做“新玩具”阶段。在这个阶段，客户和我们的合作很顺畅，客户觉得一边和我们配合，一边能够看到或者感受到“新玩具”，感觉些许努力能够换来些许成功，还不错。

很快客户会进入学习阶段，客户会觉得你怎么那么多事啊？一会儿要我提供这个，一会儿要我配合那个，新服务或者新产品到现在还不能用，有一种事倍功半的感觉，客户很容易变得焦急和烦躁。

比如，林奇的客户的表现就处于典型的学习阶段，他们觉得花大价钱买了林奇的全进口机器，又用了半年时间来翻修厂房，付出很多，但是什么成果都还没看到，现如今德国的专家也来了，为什么要安装这么久？要知道这些老外来一个算一个、来一天算一天，要付出安装工费啊，到底要什么时候才能好啊？

第三个阶段叫做效果阶段，客户在这个阶段需要投入付出得少，厂家忙碌得多，而且终于拼装完成产品或服务能够供客户使用了，也就是总算盼到产出了，这个阶段让客户感觉事半功倍，心情也是比较愉悦的。

问题的关键在于：如果不对实施阶段进行良好的预测管理，很多客户走不过事倍功半的学习阶段，在那个阶段客户的动机会发生大幅度倾斜（如图 6—5 所示），对选择和我们合作以及我们真正的实力产生巨大的质疑，和我们配合的积极性降到谷底。如果这个阶段客户的情绪处理不好，不但项目的尾款会产生问题，未来的项目也就不用想了。

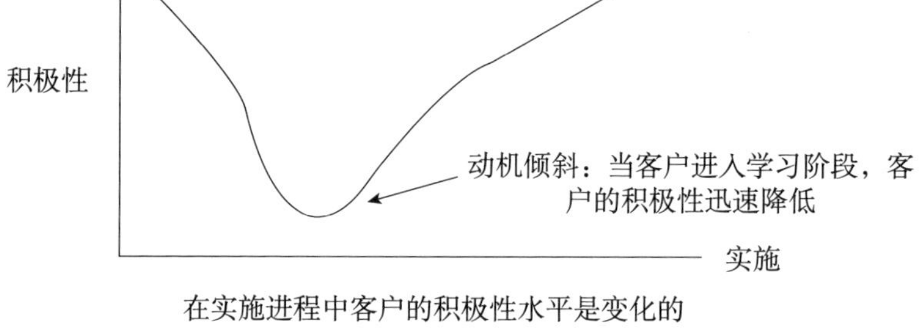

在实施进程中客户的积极性水平是变化的

图 6—5　动机倾斜

比如，小孙的项目，真的是培训课程设计得不接地气、不符合银行业的实际工作那么简单吗？为什么也有一些客户经理写了精彩的训后感悟和实施计划呢？小孙仔细研究了一下动不动缺席、出勤率低的客户经理名单，大部分都是一些柜员刚刚转岗根本不知道该干啥的客户经理和一批年过45岁在网点只想每天打打单据、非常反感行里天天催着要业绩跑客户的老客户经理，至于投诉培训不接地气的正是这样一位老资历的客户经理，他的任务都是靠领导分配的老客户完成的，根本不想按照培训课程所说的那样去调研客户、拜访客户那么辛苦，当然投诉你没商量。可是现在和培训中心解释这些有用吗？培训中心由于受到了业务部门的巨大压力，出勤率、交作业率和授课满意度都难以向业务部门交差，自然把压力全部转移到了小孙的公司。

怎么办？明知道客户在学习阶段会产生动机倾斜，那么就要帮助客户进行预测管理，大概可以分三步走：

第一步，在签合同之前，明确预测和暗示在实施阶段我们会遇到哪些问题，和客户共同商量解决办法。

有些问题是可以在预测下提早有解决方案的，如小孙的项目，真正有经验的银行业培训公司知道银行培训遇到的客户经理中老油条多了。在知道了客户经理分很多类后，为了保证调动他们的积极性和参与度，小孙完全可以在签合同前和培训中心商议设计“学习护照”来管理每门课的出勤率、交作业率，并通过“学习护照”中的积分排名每周一在银行的内网上挂各支行和参训的学员排名，而这个内网是分行行长每周一都会打开浏览的。这么一来，各支行明白利弊所在，都努力鼓励和约束自己的客户经理好好配合，排名垫底的支行还会不断打电话给培训中心：补考或者补交作业能提升内网排名吗？

有些问题是没有解决方案的，必须让客户明白需要面对和忍受。比如，林奇的项目，设备到场后的调试就是需要很长的时间，大概六周左右，无法缩短。如果在签合同前和客户讲明设备到场后的调试大概需要六周左右，相信大部分客户会在你安装调试时耐心等待，最多到第五周时来问问是不是下周就可以用了？

这就好比笔者前段时间咳嗽得非常厉害，去医院看病买药后，医生说：如果你希望快点好，那么我给你开的这个药药效很快，但是有点副作用，可能会引起拉肚子。如果当时医生没有说可能会有拉肚子的副作用，那么笔者回到家吃完药后拉肚子，心里肯定会乱骂："这是什么医生啊，咳嗽没好，又添了拉肚子的毛病，整个一蒙古大夫嘛!"可是，如果医生提早打招呼可能会有拉肚子的副作用，笔者回到家吃完药就等着上厕所了，等到真要上厕所了还会觉得："呀，神医啊，果然有拉肚子的副作用啊，这咳嗽果然也咳得没那么厉害了!"

你看，这就是预先说明的好处，如果我们的实施过程有很多难题，请不要在签合约前畏惧和客户讨论，保障项目成功的一个重要步骤就是必须要在签合约前开诚布公地一起讨论如何控制和管理实施中的难点，这样客户才会和我们一起面对，否则，出了事，就全部是我们的责任了。

第二步，让客户参与我们的实施过程。大部分项目中，负责采购的是一拨人，负责实施配合的是另一拨人，而负责采购的客户往往是实施配合的客户的领导。

我们是指望在整个实施过程中，负责实施的基层不断向负责采购的中高层汇报我们的服务情况，还是希望能够控制和管理负责采购的中高层会看到和听到什么呢？

如果我们觉得自己控制和管理更靠谱，那么就要把实施过程分阶段，比如，签约仪式、奠基仪式、到场考察参观、机器试运行参观等。在不同的阶段请不同的负责采购的中高层领导来视察，确保每个阶段领导都得到正向反馈。“酒香也怕巷子深”，如今这个年代，不能光埋头干活，也要会抬头吆喝，这样才能确保客户的实施基层不断得到表扬，自然也就少为难我们一点。

第三步，提前放进一点效果或者提早放出一点产出。很多大项目实施起来就是半年、一年，也难怪客户（特别那些不是日日在现场的客户中高层）等得心焦，我们能否提前放进一点实施效果，或者放出一些实施产出，让客户的中高层们放心，觉得没白给我们那么贵的费用呢？

比如，小孙的项目，如果等 67 期培训都实施完了再给项目报告，估计这期间领导都过问好几次效果怎么样了。我们能让领导只听见不满意的学员的反馈吗？如果我们在前五期培训班结束时就能给领导一个“课堂精彩片段剪辑”，在 30 期结束时给领导一个画报版的中期报告，再等 67 期结束时给出最终包含学员心得和作业优选的终期报告，相信领导一定会表扬培训中心这次干得不错，供应商也选得不错，而不会落得四面楚歌的境地。

再比如，有些医疗设备销售公司卖了机器给医院，试运行时第一个请院领导去试拍个片子，而不是等完全安装完毕科室正式运营后才报告，就是怕夜长梦多，领导会听到不好的反馈。毕竟，当初采购时，众口难调，不是每一位客户都是我们的支持者，如何管理实施中的口碑对于实施管理来说太重要了。

综上所述，如果我们不想成为客户眼中的蒙古大夫，就必须要精准预测和管理实施阶段可能会遇到的问题，稳妥实施阶段三步走的管理手法，才能让我们提供的好产品和好服务真正在客户那里大放异彩，而不被一些杂音干扰和埋没。

故事 47 我们是来拿项目的还是做客户的

短单、中单、长单

笔者在某国际著名品牌公司谈如何深度透视客户需求，根据客户需求设计方案，不要仅仅考虑自己的销售业绩而干客户场地没准备好就把机器卖过去的事情，这样会伤害客户关系健康度，伤害未来的销售机会。话音未落，就被在场的某销售鄙视了：“老师，你一看就不了解我们销售的压力，我们每个季度被业绩的数字追着跑，经常要熬‘Q尾不眠夜’（Q即quarter，指季度），这个滋味，老师你不明白啊！”

笔者也很无奈，如果你是入行不到三年的销售，笔者对于你为了完成销售业绩不得不打短单的行为可以理解，毕竟入行不久，客户资源有限，能够接触到的销售机会有限，不得不有一些追求短期效益的行为，那就是“拣到篮里都是菜”，是个项目机会都去上，即使是硬碰硬的陪标也要去试试，毕竟绩效数字如达摩克利斯之剑一样时时悬在头顶，完不成业绩公司可不会留我。

所谓短单，一般指的是客户有一个项目，这个项目发起之后我们才知道，我们努力去赢得这一单，但是这一单之后客户还有什么项目我们不一定知道，也不一定真正关心。

比如，很多培训公司的销售在帮助客户完成一个课题的培训之后，并不知道客户的下一个培训课题是什么，也不真正关心，他们要么充满热情地给客户再推荐一些自己公司擅长的课程名单，要么就等待下一次客户有需求时再来。

又比如，有些工业厂商，在帮助客户完成了一个生产线的装备之后，很多销售对于客户进一步的业务发展没有预测也不会主动去了解，他们会立刻转战其他战场，至于已完成的这条线的客户，还是等待其再有第二条生产线的需求时再召唤我们吧！

可是，很多时候，销售千辛万苦拿下一个项目，并不仅仅是为了这个项目，更多的是为了客户这个地盘：如果我们以前份额小，如何走到份额大？如果我们份额已经不错了，能否走到通杀？一年又一年，从偶尔知道消息打下一个短单到参与和把握住下几个项目出中单，乃至长久地在一个客户身上出长单，这才是大客户销售的目标。

所谓中单，一般指的是和客户合作完成第一个项目后，开始高度关注和预测客户的业务发展，并和客户一起研究在未来的业务发展道路上还需要什么帮助，当需要帮助时，开始第二单乃至第三单的安排。通常这个时候客户会对这家供应商有明显倾向，销售也基本可以预测未来的第二单、第三单自己有很大的机会获胜。

比如，A 设备公司在一次竞标中杀进南方电网某省分公司后，帮助该省分公司完成了一个地市的创新试点，试点成功后该省分公司按计划要在省内其他地市继续推广。本来继续推广的工作，各设备公司销售只要等待省分公司领导指定地市就可以了，但是为了确保省分公司创新试点推广成功和业务安全，A 设备公司销售带着公司的技术专家特别下到省分公司选定的一些地市做深入调研，然后给省分公司领导提如何在其他地市推广的建议，以确保试点推广脚踏实地，步步成功，此举获得了省分公司领导非常高的赞赏：这家设备公司的产品和服务都很到位啊。顺理成章，之后的几个创新推广项目基本都给了 A 设备公司。

长单一般指的是销售和客户通过短单和中单的磨合之后，双方建立了很深的信赖关系，销售也对客户的业务发展和行业态势有很深的洞察，能够根据客户的目标作出 2～3 年甚至 3～5 年的项目规划，很多时候这些规划可能超出了销售的产品和服务的范围，但是凡在他能服务的范围内的项目，客户也都不做他想，全部给这家供应商，只有该销售不能服务的部分才会拿出来竞标。

比如，银行领域，IBM 在帮助客户完成了一些项目后，经常以 IT 咨询规划或者管理咨询规划的方式继续服务该银行客户，并且通过这些规划牢牢锁定了之后的生意，让竞争对手很难与之竞争。

看起来，做销售多做中单和长单，基本等于就是在我方地盘玩开局领先的项目，这样的项目打单难度降低了很多，而且销售机会可预测、易管理，如果销售一年承担的销售额中80%都是这样的中单和长单，这样的销售或者销售队伍的业绩将会非常可控、稳定和可预测。

可是为什么那些入行七八年甚至十余年的销售也经常会作出一些短视的打短单的行为呢？难道他们不知道打中单和长单更轻松、更稳健吗？

首先，很多销售可能在整个销售生涯中都忙于打短单，因为销售在绩效高压下，很难真正为客户考虑，他们眼中的客户更多地等于业绩而不是客户。

大部分情况下，因各种项目蜂拥而至，销售在项目结束后也一哄而散，很少有人真正关心和斡旋客户的下一单是什么，以及为什么应该是这个，还有客户的下一单应该在什么时候出现，以及为什么应该在那个时候出现。

很多客户对此也很无奈，明白自己在销售眼里不过是一盘菜，吃完就都散了。于是在下一个项目再起时，“这盘菜”对销售们也极尽压榨之能事，很多时候，项目就这样被玩成了一个个的恶性循环。

简而言之，老想或者老忙着打短单的销售，很难看到也很难获得打中单和长单的机会，如果第一次的短单就明显是来搞推销做业绩的，哪个客户还会给你机会做中单和长单呢？

其次，从短单到中单和长单，中间也许有很长的等待时间，客户的项目并不是环环相扣的，而我们扛的业绩却得每季度都完成，因此很多销售在没有打开足够宽阔的销售漏斗时，等不起这个从短单到中单乃至长单的时间，渐渐地也就放弃了。

开始做销售的3～5年，最重要的是打开足够宽阔的销售漏斗，即寻找足够多的销售机会，让自己有足够的短单支撑完成业绩，这个时候的销售勤于腿、勤于嘴，跑到足够的量最重要。

销售在市场上有了一定的资源积淀以后，就要开始学会真正关怀客户，学习勤于脑，在优质客户资源中逐步沉淀出一些中单和长单客户，渐渐形成自己健康的销售机会循环系统。这个时候的销售与其说是销售，更像是一个顾问，他们不仅能够帮助客户洞察问题以及提供和规划解决方案，而且很清楚客户应该分几类，对不同类别的客户应该重点抓什么，毕竟不是每个客户都能做成不断出中单和长单的大客户。

如果我们不仅是“会说话的产品说明书”，也不仅仅是“搞推销的推销员”，我们还是“客户的业务顾问”，我们就会真正关心客户的业务发展和仕途，而不是完成一单项目就撤。

如果我们不仅是来做项目的，还是来做客户的，我们就会有意识地选择和培养目标大客户，陪伴客户从短单走到中单和长单，创造客户和业绩的双赢。

故事48 预算边界与预算周期

如何拿下来年的单子

小夏在一个项目上帮了客户一个大忙，就此结下交情，客户明确说明年再有项目，一定找你！第二年，客户再有项目时，果然第一个找的就是小夏，需求阶段都谈得很顺利，到出方案时，客户的领导突然把预算砍了一半，因为领导觉得另一个项目更重要，而那个项目遇到了一些困难，于是挪了一半的预算去支持另一个项目。这下客户和小夏都傻了眼，因为只剩一半的钱，无论如何小夏公司都做不了，怎么办？

西蒙的问题也很严重，他正在进攻的一个某市地铁电气自动化项目，客户从预算到设计标准，都是按照西蒙的竞争对手S公司的强项设计的，传说市里很多领导去年就组团参加了S公司举办的研讨会，巡回研究了几个大城市的地铁设计，回来后根据那次研讨会的成果做了今年的预算和规划。西蒙感觉客户对自己一直客客气气，但是走不进客户的内心，这个局可怎么破？

想要和客户从短单走到中单，是不是像小夏那样兢兢业业帮助客户完成第一个项目，和客户建立很好的交情就足够了呢？从小夏和西蒙的故事来看，事情显然没有这么简单。

首先，要想开发客户的新需求，进攻明年的新项目，我们要搞清楚客户是在预算边界之上还是在预算边界之下？所谓预算边界，如图6—6所示，指的是在企业的组织架构中有一条边界，这条边界之上的人是负责做预算的，这条边界之下的人是负责执行预算的。如果我们搞定的客户是预算边界之下负责执行预算的，如小夏的案例，那么这类客户能够做的是有了项目优先找你，但是他并不能决定这个项目的预算，因此小夏遭遇了很尴尬的客户倾向你，但是钱不够的问题。

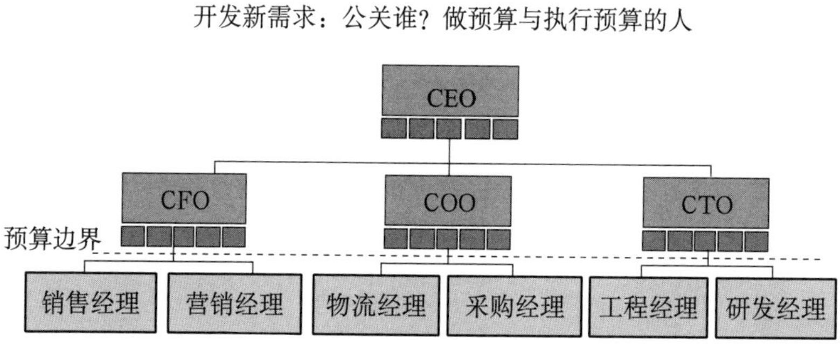

图 6—6 预算边界

还可能发生更糟糕的情况，那就是如果项目足够大，那么预算边界之下的客户不但不拥有决定预算的权力，也不拥有决定采购标准和项目给谁的权力，他最多是个接纳型或者不满型的角色，并不是一句话就能决定你留还是走的权力型角色（见第 3 章《大战在即，侦骑四出》）。这种情况下去开发客户的新需求，结果这个需求所带来的项目不可控，这不很容易变成为他人作嫁衣裳吗？

如果我们从短单出发，去开发新需求，创造中单，为了不想为他人做嫁衣裳，我们需要进攻的一定是预算边界之上做预算的人，预算边界之下执行预算的人最多也就是个信息员的接纳型角色，他对你的认可和承诺并没有什么保障。

其次，我们开发客户新需求的动作有没有踩准客户的预算周期？所谓预算周期，指的是企业制定预算和执行预算的周期（如图 6—7 所示）。大部分政府、国企和民企的财年就是自然年，即每年的 1—12 月，也就意味着前一年的 9—11 月是企业筹备规划新预算，12 月是制定新预算的时间，等到新年 1 月企业就要开始执行该年度的新预算计划了。当然，笔者也遇到过有些外企的财年开始于每年 2 月或者 10 月的，这样的企业的预算周期可以根据其财年开始时间依次类推。

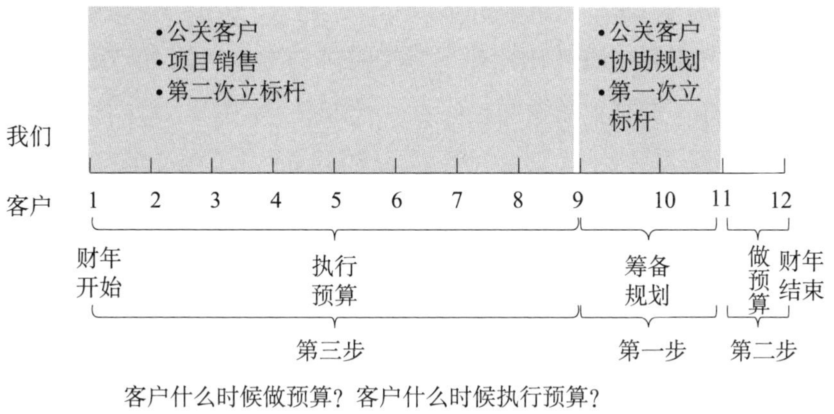

图 6—7　预算周期

西蒙的竞争对手看起来是踩准客户的预算周期的打单高手，他们在客户筹备规划来年预算时带客户去参观考察标杆城市，借此机会影响客户制定来年的预算和规划，等到新年就按照预算和规划开始推动新项目，看起来极有可能西蒙只是被拉来陪标的。

踩准客户的预算周期打单，大致可以分为两大步骤：

第一步，在每年的 9～11 月帮助客户做预算。

客户每年都会有自己的规划安排，销售应该激发客户来年往什么方向去规划安排？我们可以解读客户老大的 3～5 年规划，也可以解读客户目前的业务发展方向和瓶颈所在，最好的方法莫过于帮助客户树立他们想要仿效的标杆，然后根据标杆的情况帮助客户设计来年的预算和项目规划。

我们在帮助客户做预算的过程中可以充分借助市场活动的力量，

比如举办一些行业趋势展望、行业顶尖科研成果分享研讨会，通过这些研讨会帮助客户了解行业趋势和动态，理顺自己的梦想和未来，找到来年的发力点。也可以举办一些客户仰慕的标杆客户的参观会、成功案例分享会，通过标杆客户成功样本的刺激，让客户定位来年到底要做什么项目来缩短和标杆客户的差距。

客户清楚定位了来年到底要做哪些事情，自然会为这些事情编制预算，在这个时间段如果是我们帮助客户厘清规划，那么我们的项目预算也就顺理成章地编制进去了，这样，来年执行项目时，我们就不太会遇到小夏那种巨大的因预算不足而造成的价格压力。

第二步，在每年的1—9月协助客户执行预算。

新财年开始之后，我们需要督促或者协助客户在规划的时间内去执行项目，同样，借助市场活动的力量会减少很多销售的味道，加大协助客户的感觉。比如，筹备一些新技术/产品研讨会、新技术/产品展览会以及已有客户的使用经验分享研讨会，通过这些活动帮助客户建立如何执行新项目的标准，通过建立标准来达到排他和确保己方优势的目的，牢牢把客户从感情到专业都维系在我们身上。

不论是做预算的市场活动还是执行预算的市场活动，我们需要注意的是，所有这些活动，我们绝不能简单地撒撒英雄帖把客户请来参加就可以了，我们需要控制三个方面：

1. 造势。搞一个活动，有没有现场签合作意向书的（当然是早就谈妥了合作意向的，安排在活动里面签约）？有没有业界向往的专家捧场？如果有，怎么安排会点燃客户的兴奋点，让大部分参会客户对我们的兴趣和意向大大增加？

2. 内线。搞一个活动，座位是怎么安排的？那些你重点要进攻的客户旁边有没有安排一些你的铁杆老客户来帮助你做工作？老客户的一句肯定可能比我们销售说一车话都管用。

3. 排他。搞一个活动，不论是标杆参观还是趋势、技术研讨会，有没有体现我们的优势，是不是我们服务的？有没有帮助客户站在业务的角度建立高屋建瓴的采购标准？建立的采购标准是否具有一定的排他性？

做到了造势、内线、排他三方面的市场活动才是好活动，才能达到我们踩准预算周期，一手帮助客户做预算，一手帮助客户执行预算的目的，否则很容易花了钱没效果，更糟糕的是白花钱便宜了竞争对手。

综上所述，如果我们要布局拿下来年的中单，避免小夏和西蒙遇到的问题，请踩准客户的预算周期，把销售工作做在客户的预算边界之上。

故事 49 标杆激发梦想

每个客户都心怀梦想，你会激发它吗

当我们帮助客户完成合作的第一个项目，也就是短单后，若运气好，会通过在实施安装过程中关注客户业务的变化，发现客户的新需求；若运气不好，可能要等很久才有下一次项目计划，而漫长的等待通常都意味着夜长梦多。好的情况是客户突发要求，打我们一个措手不及，在资源安排和实施控制上遇到很大的时间和质量的挑战。糟糕的情况是销售疏忽了对客户的关怀，等有新项目时发现已有竞争对手乘虚而入。

因此，心怀中单和长单梦想的销售都知道需要主动激发和管理客户的新需求，在上文《预算边界与预算周期》中我们讨论了如何管理客户的新需求，本文重点研究如何激发客户的新需求。

激发客户的新需求，最好的办法就是树立标杆法，即根据客户在市场中的竞争地位和业务发展方向，为客户树立一个更高级别的标杆。

比如，如表 6—2 所示，在医院这个市场上，乡镇卫生所向往县医院，县医院向往地市的医院，地市的医院向往省会城市的医院，省会城市的医院向往北上广深的医院，北上广深的医院向往部队的顶级医院。这条向往链形成了一条标杆链，那就是销售可以为每一个下一个级别的医院在上一个级别的医院里找到一个标杆。

表 6—2　　各级医院的发展前景

市场定位 \ 科级需求		MR 科	CT 科	放射科	超声科	…
北上广深	三级医院					
	二级医院					
	一级医院					
省会城市	三级医院					
	二级医院					
	一级医院					

续前表

市场定位 \ 科级需求		MR 科	CT 科	放射科	超声科	…
区域中心城市	三级医院					
	二级医院					
	一级医院					
地市（县）级城市	二级医院					
	一级医院					
乡镇						

通常在为客户树立标杆的过程中，有几个情况需要注意：

1. 客户内心已经有标杆，那么销售就需要去了解这个标杆在哪里？这个标杆的服务是不是我们做的？如果是，强化标杆的作用；如果不是，和我们在客户内部的内线一起研究能否更换一个我们服务的同级别甚至更高级别的标杆。

2. 树立标杆是针对客户的权力型角色，通过《预算边界与预算周期》一文我们已经了解到如果仅仅把梦想激发在接纳型的中基层的层面，我们并不能确保未来对项目的控制力。

3. 树立的标杆可以不止一个，客户可能有很多梦想，或者在不同的业务范畴艳羡不同的标杆，多重标杆的树立有助于销售梳理和找到那些最有利于我们的标杆，也就是主要由我们服务而且对我们有好评的标杆。

找到标杆以后怎么办？

首先，携手标杆，确定主要需要激发客户哪方面的梦想。如表6—3所示，我们可以先标出现有客户的产品配置和服务的情况，然后确定标杆对应的产品配置和服务的情况，定位出我们的业务机会＝标杆配置－客户现有配置。很多时候，通过这个公式，我们发现客户和标杆在很多方面都存在差距，那么我们就需要在众多的业务机会中定位，到底应该集中火力激发客户首先弥补哪方面的差距。

表 6—3　　讨论：你的客户的发展前景

客户级别	现有配置	业务发展方向	标杆	标杆现有配置	业务机会=标杆配置－客户现有配置

当然，这样的定位需要结合客户的业务发展现实和我方优势两个方面来考虑。比如，众多中资银行在互联网金融的冲击下，对于个金的未来发展方向展开了广泛的研究，某咨询公司帮助某全国性商业银行对标国外某银行的“未来银行”设计零售银行转型方向，国外的“未来银行”设计包括个人金融消费的全链条，对于国内的金融消费环境有很高的要求，结合客户的现实，最后这家咨询公司将该全国性商业银行的零售银行转型方向定位在全新的零售旗舰网点的体验设计改进上，而结合消费者体验的空间设计改进这个业务机会正是该咨询公司的强项。

其次，带领客户参观标杆，甚至帮助客户和标杆对口部门结对子。

带领客户参观标杆客户，并不是简单地组织一些客户去看一趟标杆就可以达到激发客户梦想的目的。我们需要深入地考虑：

1. 请谁去？即邀请客户内部哪些人去参观标杆客户？

2. 谁来讲？即标杆客户方什么样的人出马介绍？

3. 讲什么？即如何在介绍过程中嵌入排他性采购标准，树立我方优势？

4. 怎么看？即全程行程如何安排？看什么？不看什么？

比如，科技部主导的十城万盏 LED 路灯示范工程，X 市被选为 S 省的示范城市之一，而且是该省第一个上的 LED 路灯项目。某跨国照明设备公司 E 听说竞争对手 P 与 X 市之前合作的照明工程并不成功，立刻对该市组织了进攻，其中一个重要策略就是组织该市城建局局长 A、城建局路灯管理处处长 B 和下属的建设开发公司老总 C 去与 E 公司曾经合作得非常成功的 S 市参观，而 S 市是科技部重点表彰和宣传的一个示范市。

E 公司邀请 S 市政的设计师和使用业主向 A，B，C 分享了 E 公司 LED 路灯在技术和使用层面上的优势，并由 S 市政的设计师和使用业主带领参观了重点路段，他们亲眼见到了实际的使用效果，道路照明的亮度、均匀性等各项数据都超出了他们对 E 公司原有的预期，确实远远超出 X 市原先合作的 P 公司的实施效果，对考察结果非常满意。

考察结束后，S 市政热心安排 X 市参观团去当地著名的茶馆品茶（E 公司销售早就打听到 A 局长最爱品茶，安排好以后借 S 市政的名义请参观团前去品茶），A 局长在茶馆中总结此次考察结果时说，眼见为实，耳听为虚，E 公司说话做事是讲诚信的，表态此次项目一定要邀请 E 公司来设计实施，而原本一直支持 P 公司的 B 处长对于这个决定也表示一定接受领导安排。

你看，一次从人到事到过程的完美组织，将参观标杆的成果发挥到最大，才能真正激发客户的梦想，展开深度合作。

如果我们帮助客户树立的标杆在很多方面都能带领客户进步，我们还可以帮助客户和标杆的相关部门结对子。

比如，某地市 A 医院的心内科一直以某省 B 医院的心内科作为标杆，因为 B 医院的心内科主任是享受国务院特殊津贴的专家，科室人才和设备配置也是国内领先的。某医疗设备公司的销售了解到这个情况后，主动帮助把 B 医院的心内科和 A 医院的心内科结成了扶助对子，让 A 医院的心内科成为 B 医院的临床基地之一，A 医院的院长和心内科主任感激不尽，按照 B 医院的设备配置规划了自己的三年设备采购和升级规划，而 B 医院大部分的机器使用的都是该医疗设备公司的，自此，至少三年之内，A 医院的设备采购基本都属意该医疗设备公司，其他竞争对手很难渗透进去。

每个客户都心怀梦想，我们需要学会激发它，因为只有梦想才会带来想要进步和改变的需求。根据客户的业务级别和发展方向定位标杆，成功树立标杆帮助客户激发梦想，你学会了吗？

故事 50　客户，棋局与棋子

我们是控局的还是被装进去的棋子

销售行走在市场上，经历的单子大概可以分为三种情况：

1. 客户和竞争对手在下棋，把我们装进去了。

2. 客户在下棋，我们正好是好用的棋子，就用了。

3. 客户和我们一起下棋，把竞争对手装进去了。

第一种情况指的是客户视竞争对手为合作伙伴，主要和竞争对手合作。每次有项目叫我们，要么是拉我们来陪标，要么是竞争对手不想啃的“硬骨头”或者没法做的边缘项目才丢给我们，而且多半“又要马儿跑又要马儿不吃草”，做个项目有各种高要求，还要价格低，整得我们想吃还老硌着牙，别提多难受了。

老周最近就碰上了这样一个项目。相熟的设计院突然发来一个单子，说某电网的居配项目里缺一个低压柜，要定制设计，是个好机会，因为只要一个柜子还要定制，别人都不肯做，如果你们帮他们把这个柜子做了，他们肯定非常感谢，通过这次建立关系，以后好开展更多的合作。老周千恩万谢，立刻去拜访客户，为了一个低压柜在公司和客户两地来回奔波了三个月，帮忙把别家厂商都不愿意做的定制设计完成了，客户也非常感激。老周感觉下次这家电网招投标自己多半有戏了，没想到过了两个月，该客户的另外一个项目的招投标都没通知老周，老规矩包圆给了老周的一个竞争对手，怎么回事？

基本可以设想，老周在这个项目上被客户和竞争对手装进去了，竞争对手不想为了一个柜子做定制设计，要用未来的项目机会做诱饵勾一个厂商来帮忙做，带饵的鱼钩撒出去，接到的厂家很多，上钩的就老周一个。明白自己被玩了，老周实在胸闷，受了老周恩惠的客户基层工程师虽然很感激，可是没办法，他没有采购决策权啊。

第二种情况指的是客户和谁都不是合作伙伴，只是在做一个项目时需要一个供应商，发现我们正好是很不错的一个供应商，能够帮忙做好项目就用了，至于用完以后其他的项目也不一定就锁定我们，还是看哪家供应商好用就用哪家。

凯利接到A公司的邀请，说他们今年要新开8～11条生产线，盛情邀请她去参与竞标，凯利明白A公司的老规矩：开辟市场的新产品线的设计一定找凯利来做，因为凯利所在的公司是全球第一品牌，专业稳定。这个客户的老线改造，一定是找一家国内的供应商来做，节约省钱。可是今年局面有变化，有家和凯利公司产品非常接近的竞争对手低价杀入，估计有一场价格血战，今年这家客户的这8～11条生产线，凯利实在没把握能拿到几条。

虽然服务A公司好些年，但凯利在这家客户的心目中还只是一家供应商，为什么呢？是因为这些年凯利光顾着卖产品，对A公司的业务发展缺乏真正的关心吗？还是和A公司里各色中基层的交情仅仅停留在提供产品和服务上呢？

第三种情况指的是客户视我们为合作伙伴，主要和我们合作，我们和客户合作多年，对客户3～5年的合作规划了如指掌甚至参与设计，客户大部分的项目花落我们，只有部分或个别我们实在服务不了的或者不想服务的项目才会给竞争对手。客户和我们合作的项目尽量不走或少走竞标流程，不得不走正规招投标流程的也会充分设计好确保我们赢。

某医院院长和E公司合作多年，今年已经60岁，和E公司商量今年买台CT，选中的CT型号号称“CT之王”，是CT里最贵的一种机型，这台CT买完，1～2年之内这家医院也没什么大设备要继续采购了，这样既确保了院长在退休前实现带医院更上一层楼的最后梦想，也确保E公司在该医院的设备采购份额中屹立不倒的江湖地位，即使明年院长退休也没什么好担心的，因为这里该买的基本都买完了。

客户贴心铁杆成这样，是怎么造就的？因为该医院的院长是E公司的粉丝吗？还是因为在院长主管该院的多年合作中，E公司一直鼎力相助该医院的业务发展、学术建树以及院长的威望提升而建立的扎实友情呢？

从上面三个案例来看，第一种情况就是短单，第二种情况还是短单，只是偶尔客户有需要时会发生中单的情况，第三种情况是长单，只有和客户走到合作伙伴的关系才会发生长单。

综上所述，和客户合作，项目如棋局，供应商如棋子，我们如果想和客户一起来控制棋局，而不只做一个棋盘上的棋子，更加不想做会被吃掉的棋子，需要磨炼三个方面：

第一，心怀做长单的梦想。

常言道：不想当将军的士兵不是好士兵，换句话说，不想做长单的销售不是好销售。如果我们心怀做长单的梦想，就不会轻易迷失在短单得失的泥淖里，就会不仅关心赢单，更加关注客户关系健康度，不会为一单之得失而过度承诺或者忙于推销，会先忘掉自己的产品和服务，真正去关心客户的业务发展和每位合作者的合作动机。

第二，力争在短单中获得尊重。

打下一张单子不挣钱，你觉得客户不知道我们不挣钱吗？第一次交锋就不被客户认可价值而只追求价格，这样的销售会被客户尊重吗？因此，在打短单的过程中通过“踩对点、做对事和搞定人”的完美布局来体现我们的价值，通过获得好的利润率来体现客户对我们价值的认可和对我们工作的尊重，是未来能够做长单的基础。

第三，对客户真正的关怀。

客户有“我为什么一定要选你”的“买点”需要我们关怀，客户也有“我如何说服其他人都同意选你”的“卖点”需要我们关怀，我们的每点关怀都能洞察客户业务发展和职业生涯发展的需要，为帮助客户业务发展和职业生涯更上一层楼，我们在合适的时机包装我们的产品和服务，使其成为合适的解决方案，帮助客户渡过难关或者实现梦想，这才是销售真正的价值所在。能够做到这个境界的销售，哪位客户不希望和他长久地合作呢？

我们所写的《大客户销售：谋攻之道》中的方法论和《大客户销售实战篇》中运用该方法论的50篇文章，都旨在打造大客户销售们对项目乃至客户的控局能力，不要成为市场上一个随时被装进去的棋子，于客户无益，于自己有害。让我们站在客户的身后，成为他们可信任和依靠的合作伙伴，带领企业也带领自己踩准鼓点、控局前进、再攀高峰吧！

后记　如果并非不可能

2015 年 1 月，我们关于大客户销售的第一本书《大客户销售：谋攻之道》由中国人民大学出版社出版了，那本书面市后不久，我们就做出了写这本《大客户销售实战篇》的决定，因为我们觉得那本书有两个缺憾：

第一，写得简单了。那本书中，我们尽量以平实的语言写清楚大客户销售的基本概念、方法论模型和工具。我们的本意是希望入门级的销售都可以看得懂、用得上，但读者的反馈让我们发现，反而是一些老销售才能读出文字面后的要义，新销售会觉得不过如此。因此，我们想写一本“难”一些的书，也让读者看到销售中层出不穷的变化是什么，又如何以不变应万变。正如体育舞蹈大赛中，那些令人眼花缭乱的舞步，其实都是从基本的步法中演变组合而来的。

第二，案例运用少了。基于同样的原因，我们在上一本书中采用的案例都比较简单，力求简明，而在这本书里，我们采用了大量的复杂案例，希望尽量展现大客户销售的刀光剑影和暗潮涌动。

说句不谦虚的话，我们不希望我们的真知灼见埋没于众多凑数的平庸之作当中，我们希望我们的研究能帮助更多的销售。

有趣的是，直到签出版合同的那一天，我们的同事仍然在担忧这本书是否可以如期完稿，这其中有对我们是否江郎才尽的担忧，有对我们在如此紧张的工作节奏下能否有时间来写作的担忧，也有对我们是不是能按预期以故事贯穿的形式来完成这本书的担忧。

对此，我们的回答是“如果并非不可能”，这个回答的全文是“如果一件事并非不可能，那么一定有办法去做”。于是，经历了四个月几乎没有个人休息时间的疯狂工作之后，这本书完稿了。

很多时候，人们都会问我们四个月前被问到的那个问题：“可能吗?”

不送回扣成单，可能吗？没有关系成单，可能吗？在竞标的最后时刻扭转乾坤，可能吗？以普通销售的身份成为客户老总的座上宾，可能吗？性格内向想做好销售，可能吗？

我们的回答永远是“如果并非不可能”，所有的高手都是凭着坚定的信念和正确的方法，一步一步走过来的，所有看似不可能的结果，也都是这样达成的。

我们要感谢 SCG 公司的各位同事，没有他们在工作上的支持，我们就真的不可能写完这本书了。

我们要感谢中国人民大学出版社和石岩编辑，为了这两本书的出版，她的付出也许不亚于我们。

我们要感谢我们的客户，没有这么多年来为众多客户实施的培训和咨询，我们对大客户销售的研究不会有今天的成就。

我们也要感谢你，这本书的读者，正是由于有了众多愿意投身于销售工作的人，销售的江湖才会如此精彩。

在阅读本书的过程中，有任何问题，您都可以发送邮件到 anli@salesconsultant. cn。

我们愿天下销售都能业绩长青，活出自己的精彩。

齐洋钰　徐　晖

于上海

图书在版编目（CIP）数据

大客户销售实战篇/齐洋钰，徐晖著．—北京：中国人民大学出版社，2016.1
ISBN 978-7-300-22378-0

Ⅰ.①大… Ⅱ.①齐… Ⅲ.①销售-通俗读物 Ⅳ.①F713.3-49

中国版本图书馆 CIP 数据核字（2016）第 003713 号

大客户销售实战篇
齐洋钰　徐　晖　著
Dakehu Xiaoshou Shizhanpian

出版发行	中国人民大学出版社		
社　　址	北京中关村大街 31 号	**邮政编码**	100080
电　　话	010－62511242（总编室）		010－62511770（质管部）
	010－82501766（邮购部）		010－62514148（门市部）
	010－62515195（发行公司）		010－62515275（盗版举报）
网　　址	http://www.crup.com.cn		
经　　销	新华书店		
印　　刷	天津中印联印务有限公司		
规　　格	170 mm×230 mm　16 开本	**版　　次**	2016 年 1 月第 1 版
印　　张	15	**印　　次**	2025 年 11 月第 11 次印刷
字　　数	156 000	**定　　价**	45.00 元